U0016745

土東 伊朗手繪旅行

一起去玩吧!

圖·文:張佩瑜　Life & Leisure·優遊

我自己及旅伴寫的序～

(YA！是寫序的時候了，表示書快弄好了！)

沒想到自己可以出版第二本書，老實說，在上一本書出版之後，不太習慣，擔心如果「旅行」跟畫畫這兩件最喜歡的事，變成像制式的「工作」怎麼辦？還好，這些壓力都是自己亂想的，哼！才不管呢！我一出門，還是玩得很高興、畫得很快樂，就順便把這本書「玩」出來了。為了整理旅行日記，害我這段時間變得很「宅」，可是我非常樂在其中(不知道在快樂什麼？)，感覺又重新旅行了一次，在這裡要謝謝出版社又給我出書的機會，也要謝謝很多大朋友、小朋友的支持和關心，我是害羞的人(是嗎？)，不過，我邀請大家走進這本書，跟我一起去旅行。

Peiyu，我自己！

親♥的Linlin

2003曾和Peiyu走過一趟東歐，這次的土耳其則是我們第二度同遊，除了兩人可以一起天盡行空外，就是可以看到她的第一手日記，透過她可愛的文字和圖畫，讓自己所有的旅遊體驗，都比一次只多了一次，而且我知道在她所謂的「樂居」背後，事實上做了很多準備，這一切應該是來自她對旅行一種無可救藥的執著吧，記得在一支銀行的廣告影片中，一位白髮蒼蒼的婆婆背著背包在海關處說「去留學」，我想幾年之後，Peiyu也會一樣的背著背包，對海關說「去旅行」

神祕的 Fish

她不想曝光，
我幫她加紙袋！

從伊朗回來半年了，有時和 Peiyu 見面或在電話裡聊天時，仍然有很多
旅行片段出現在我們的話題裡。總是歡欣鼓舞地共享著
這些記憶，辛苦而深刻，單純而美好。記得很久以前，Peiyu 曾經
告訴過我，將這些旅行手記出版成書，她的對象或許不是成年人，
而是時下的年輕孩子們。她說，也許透過這樣一本書，傳達一個
訊息：你可以自己規劃自己的行程，獨立完成，到這個世界其他角
落去看看和你不同的人過著什麼樣的生活。聽到這話的當時，
我很感動。或許這也是這第二本書繼續出版的原動力。Peiyu 請
我寫序，我覺得我必須把它寫出來。

我們認識非常多年，每次旅行回來，她總有一本厚厚的第一手旅行日記，
訴說旅行裡種種故事...這些非常素樸的旅行日記並未出版，記錄
了她「從零開始」的每一段旅程，每一次出走，她總帶回來屬於她自己的
故事。為什麼精彩，並不是她特別幸運遇到很精彩的人，精彩的故事，
只是她願意打開眼睛，願意伸手，願意聆聽而來。很多人會請教
她如何安排旅程，如何這個如何那個，我想這本書的出版還有一個
更重大的意義：只有你自己知道自己想要的東西，還有誰比你自己更
清楚怎麼安排自己？所以讀完這本書，遇到作者時，別把自己的問題再
丟回給她囉！她可能更樂於與你分享旅行裡更有趣，更鮮奇引人入勝
的奇遇記，Peiyu 可是說故事高手呢！

旅行是一件將自己原來現實隔離的事件，然後，重新又回到生活現實，
把自己放回原來的位置，這中間，總有發生了什麼吧！？我想，Peiyu 的
旅行手繪遊記對於她自己的意義更勝於一切，就像，這趟旅程，之於
我一樣。

祝大家旅行快樂！

Fish 2007年2月25日. Hualien.

III

我的旅行地圖

- 旅行時間：2006年7月，及8月
- 旅行地點：土耳其東部（簡稱土東）28天
　　　　　伊朗 27天
- 費用：總共 87869元，其中扣除機票、保險、簽證、用書後，
　　　　真正在土耳其當地食衣住行花費是 24618元，在伊朗則
　　　　只花了 14190元
- 當時匯率：1 Y.T.L（新土幣）≒ 21 台幣
　　　　　10000 Rials（伊朗幣：里爾）≒ 35 台幣
- 旅行路線：Istabul（伊斯坦堡）→ Amasya（阿瑪西亞）→
　　　　Tokat（托卡特）→ Sivas（錫瓦斯）→ Diyarbakir
　　　　（迪亞巴克）→ Mardin（馬爾汀）→ Van（凡城）→
　　　　kars（卡爾其斯）→ Trabzon（特拉布宗）→ Erzurum
　　　　（愛爾柱如姆）→ Dogubeyazit（杜貝亞勒特）→
　　　　Maku（馬庫）→ Tabriz（大布里士）→ Masuleh

IV

Caspian sea
裡海

sht 拉須特

Turkmenistan
土庫曼

● Tehran 德黑蘭

● kashan 卡尚

Afghanistan
阿富汗

伊朗

han
法罕 ●

● Yazd 亞茲德

● Persepolis 波斯波利斯

shiraz
設拉子

Pakistan
巴基斯坦

Persian sea 波斯灣

(馬素雷)→ Tehran (德黑蘭)→ kashan (卡尚) →
Yazd (亞茲德)→ shiraz (設拉子)→ Esfahan (伊斯法罕)

● 旅遊書：以 Lonely Planet 出版的 Turkey 及 Iran 這兩本
為主，就很夠用。

● 簽證：土簽在台灣辦，我的伊朗簽證是在土耳其辦的。

● 電壓與插座：土耳其及伊朗皆為220V，⊙双圓孔插座。 Ⅴ

目錄在這裡

我要用手抄！電腦一邊去吧！

我有用鉛筆打格子抄目錄，好認真！

寫得很整齊，因為我用尺量！

怎麼好像永遠抄不完？

必勝！

目次抄完了　累

VII

看！，這一次我帶了什麼小東西？

這個隨身背包已經背了14年（親♥的背包，我會一直背下去的，我不會因為賺大錢就背棄你……）（最好我是會賺大錢啦！）

輕裝背包裡放著的，全是一些不值錢的舊美工用品～

還是用同樣的彩色筆、史努比筆袋、35元極細簽字筆，以及2本空白的日記本，腦子就可以邊走邊畫了！東西是舊的，但心思是新的。

我的破爛行李中，看起來比較"科技"的東西，應該是最近添購的**數位相機**，行動相簿，以及一個適用多國的**轉接插頭**！以前我很排斥數位相機（覺得亂拍亂刪，感覺很隨便！），但為了方便處理照

Swiss Travel Adapter

US$25 duty free

盒色上有瑞士十字標記！

Swiss multi adapter

X's Drive

新買的行動相簿.還可以放mp3.看影片

VIII

片,我還是向它投降了,不過我 希望自己還是要維
持實物寫生的好習慣,不要因為有了數位相機
而淪落到只會畫照片、自廢武功的局面!畫一個
實在的東西感覺比較能碰觸到深刻的情感。

好穿耐走的勃肯涼鞋被我一路
啪啦啪啦拖著走,除此之外,
我還買了一個新鮮貨~功能
像變魔術一樣的"滾筒式頭巾",無敵到爆!

原本呈長方形管
狀有彈性的頭
巾,有超過10种
變形方法。但我記不住!

可以放做
小海盜兇惡
打扮.

進清真寺,立
刻利用頭巾的
彈性下拉,藏
住頭髮!讚!

可以打成領巾
圍在脖子上保
暖兼帥氣.

想搶刧別人,
欲隱瞞長相,
可以蒙住臉!

另外,我和旅伴們彼此互相攜帶!

第 1 階段:Linlin   7月1日~7月23日
笨蛋指數:★★★☆
懶惰指數:★★☆☆
註:就是在土耳其手繪旅行中第2頁中提到上次原
本要和我去土耳其但臨時沒去的人

IX

第 2 階段：Fish　　　7月20日～8月26日

笨電指數：☆☆☆☆☆

懶惰指數：☆（好勤快！但其實是因為辦事效率低，所以忙碌得像隻蜜蜂！）

註：是臨時決定要加入的，所以票被我亂七八糟地訂。

我，當然就是那個從頭到尾全程參與的人囉！

穿♥涼鞋好驕傲！

『旅遊全勤獎』獎牌！

全勤獎：Peiyu

笨電指數：☆☆☆☆

懶惰指數：☆☆☆☆☆

註：裝扮依舊，英文有進步一點點，差不多比小指頭再小一點的進步，已經可以用英文發問（不過卻仍對於對方的回答霧煞煞，有問等於沒問！）

旅伴是圓滿旅行的重要關鍵，即使是多年好友，出去旅行，24小時黏在一起，也有可能反目成仇，一輩子再也不聯絡……。一開始，早就知道 Linlin 只能陪我旅行一個月，但我也沒刻意再找8月的旅伴，頂多就是去路上碰碰看，也不想隨便拉人，沒想到，在出發前夕，出現 Fish 這個旅伴（是天上掉下來的禮物？）她們都和我一樣慢吞吞，也喜歡寫日記，一路上可以玩 "交換日記"，好久玩。

X

7月1日(六)兵荒馬亂地出發

登機證 / BOARDING PASS　Economy Class

NAME
0/X **CHANG / PEIYU**
0/X **TAIPEI**
KUALA LUMPUR

FLIGHT NO.
MH 0069 Y 01JUL0800

ONE HAND BAG NOT
MORE THAN 5 KGS

一件手提行李
不能超過五公斤

GATE 登機門	BORDING TIME 登機時間	SEAT 座號
B1	0725	11D

Please be present at the boarding gate.
at least 15 minutes before depature time.
請最遲於起飛前15分鐘抵達登機門

完全不知道他們安排
我坐在逃生出口有什 11
麼用??
TPE-CD

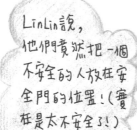

LinLin說,
他們竟然把一個
不安全的人放在安
全門的位置! (實
在是太不安全了!)

????

友,為什麼從以前到現在,每次出國前都要把事情
摘到前一秒鐘才完成,"趕"到一種恐怖的境
界,我累、餓到一種恐怖的狀態,一上機就呼
呼大睡,睡著眼睛,聞到食物的味道,以迅雷不
及掩耳的速度一掃而空,吃飽後,才想起本子沒
畫,但我卻完全想不起來飛機餐的內容……。

1

算了，可能是我搭機很多次，對機餐愈來愈沒興趣，也覺得味道都差不多，那麼，就快快吃完，不要畫機餐了！

之前常有人問我英文是不是很好？怎麼敢去自助旅行，其實我英文超破，但照樣勇闖天涯......，不过我今天在吉隆坡機場卻見到了英文更破的『神勇阿伯』，阿伯提了一個古董公事包，據說是在馬來西亞做了N年生意.......，卻半句英文也不會。

Visa申請

入境卡

(第一次画LinLin)

→peiyu 頓時有種被「器重」的感覺。

據阿伯的講法，他隔一段時間就會把護照寄回台灣辦新簽證，但這一次他選擇飛去新加坡再飛回來，然後在吉隆坡机場辦落地簽，可是他說他英文一個字也不懂，寫簽證申請表時，他很像小学生寫功課 →每一題都要問，連入境卡他都有自己準備一張「範本」當小抄，移民局の人問他任何問題，他都推我去當『發言人』，連後來順利出關後，他都請我幫他找『一個火車的標誌』

2

（前往吉隆坡的地鐵），後來幫他問到了，阿伯真是超神勇，據他的說法是說只要有膽抓到路人來壯膽（我就是路人？），一切都可通！所以，敬佩之餘，我立即傳了一通簡訊給 Fish，因為她在7月19日即將展開她人生第一次出國 & 自助旅行，而這個第一次的經驗，竟是要車轉機轉到七葷八素，然後獨自到土耳其某土城市與我會合（我會不會對她太有信心了？眾人一直阻止她做傻事！），我曾問她會不會耽憂？有沒有問題？但她的回答竟是『不會，我很有信心』（天哪？她會不會太有信心了！），願上天保佑她囉！◎✳✳

ORZ
阿拉…… 9112
BLIA
旅館mark
ALLSON
Klana

辦完落地簽（51馬幣，等了半小時），就前往航空公司提供的過境旅館待了一夜，馬來西亞是以信奉伊斯蘭教為主的國家，對於虔誠的教徒而言，每日祈禱不可省，我們房間的天花板上用噴漆標示著「奇布拉」（麥加朝向），標示在天花板上真是聰明の作法，若是標在牆壁 or 地板就可能被傢俱擋住哩！

7月2日(日) 我不是 Peiyu

前年結束了土耳其之旅後，我出版了一本『土耳其手繪旅行』，自從出了這本書，不管熟或不熟的人，不管是見面、或 mail、或 msn ……，都會問：『接下來要去哪裡？』『今年暑假要去哪裡？』……，老實說，我真的很烦、烦、烦、烦、烦……，一年365天，我每天被問1～2次，真想有個鈕可以按下去～停，不要再問了！我可以做的事情很多，也並不一定要出國玩，這是我自己的私人假期，卻要一直被詢問，難道我一定要交代什麼嗎？今年，我決定再重回土耳其，是想去走一趟未完成的"土東"，卻又再被追著問：『是要再出一本續集嗎？』，拜託大家不要再一直問了好不好？我不喜歡被干擾的感覺……，如果是你，不會烦嗎？還好，今天一坐上飛机，打開日記本，那種快樂畫畫的感覺不自覺地又回來了，原來，我還沒有失去旅行和畫畫的快樂，真好！至於『接下來什麼時候要再出書？』，這種問題所帶來的壓力，就先放在一邊吧！接下來這兩個月，我只想痛快地玩，呵～任何事情，在『去目的性』的前提下，才會獲得單純的快樂，旅行也是，畫畫也是。

沒想到，我在飛機上畫畫時，坐在前面的台灣人在東瞧西瞧，後來，其中一個和 Linlin 聊起來，

盤起來！

問 Linlin 我在做啥？
Linlin 說：『她在寫日記、畫畫......』，後來，
那人又再問：『那....，你有沒有

看過 Peiyu 的土耳其手繪旅行？』，Linlin 很鎮定地回答：『有！』（哇！她真的反應機靈！既沒說謊，也沒說誰是 Peiyu！），坐在隔壁的我早已當場驚到，於是趕快解開我的招牌蠢髮型....（很白癡的行為，以為把頭髮盤起來就安全了！）。到了機場，又再發生了另一段小插曲，我感覺台灣的一切似乎跟著我到土耳其了，我決定速速前往土東，那裡應該比較少台灣觀光客吧！先撥個電話給 Hatice 訂下明日之約，我決定先睡飽再說。

5

7月3日 (一) 拜訪 Hatice

← 我們的開心合照～

事隔兩年,我又再回到 Hatice 的 sweet house,Hatice 特地做了點心招待我,我們在那面我親手畫的壁畫前面開心留影;至於那個我最愛的窗前

小角落,長沙發移走了,改成一個愜意的用餐所在;以前常咬我的那隻壞貓,已經歸還給 Hatice 的朋友 Neşe,取而代之的是另一隻頑皮的條紋貓,不過,當我在寫這篇日記時,竟然很難想起條紋貓的樣子,嗚～難道是因為使用數位相機,讓我不再細心觀察?我得提醒自己要打開『天♥線』。

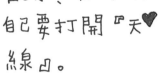

舊地重遊，儘管似乎許多事物看起來表面沒有變，
但我的心裡卻有小小的惆悵，那些曾經擁有
的時光，終究成為「過去」，而「過去」，永遠不會再回來……。
改變的事情，包括了金錢票……，土耳其的幣值從以
前的舊里拉（簡稱 T.L，Turkish Lira）改成新里拉
（簡稱 Y.T.L，Yeni Turkish Lira，Yeni 是新新的
意思！）

舊土幣 1,000,000 T.L ≒ 21 台幣 ≒ 新土幣 1 Y.T.L

反正，舊土幣的 6 個零全都被去掉了啦！現在
到土耳其旅行，已經不可以像以前一樣當億萬
富翁（還好我家還留了一張一百萬舊土幣，呵～）
不過，也因為幣值換了，我也必須學會新的
表達方法來加以因應！比如說：1.5 Y.T.L 這
種帶小數点的數字，怎麼辦呢？

★ 可以說成 **1.5**
　　　　　bir　　buşuk (half,"一半"之意)

★ 或是說成 **1.⑤**
　　　　　bir　　→ elli krş
　　　　　　　50　(cent,"分"之意)

　　　　土耳其改幣值據說為欲加入
歐盟有關，只是這條歐盟之路
　　　真是長路迢迢，何其漫長！

7

新土幣省略了那一大堆"0"，對旅人而言，比較不會讓人看了頭昏腦脹，換算省事多了！新的鈔票滿漂亮的，不同面額的鈔票中，其中一面是國父凱末爾的畫像，另外一面則是具代表意義的土耳其知名風景或事物。

→ 土東 Doğubayazıt 的 Ishak Paşa Palace 為庫德族皇宮，遠方為阿拉拉山（傳說諾亞方舟登陸處），我滿訝異土政府把庫德族皇宮圖像採納進來，也許這代表有想重視吧！

→ 中部 Cappadocia（卡帕多奇亞）奇岩區，為旅人必遊景點。

← 愛琴海沿岸 Ephesus 古城遺跡，在希臘及羅馬時代是它的全盛時期，鈔票上有印出那個漂亮的圖書館大門。

→ 嗚～才疏學淺，我看不懂這是啥！誰可以告訴我，好像是用一張地圖和帆船圖像紀念一個航海史實。(註: Hatice 說這是一個叫做 Piri Reis 的航海部隊家所擁有的地圖。)

→ 土耳其首都 Ankara（安卡拉）的凱末爾陵寢，凱末爾就是土耳其國父。

除了花花綠綠的鈔票之外，考驗我算術能力的，就是這些小銅板了。

8

Japan…… Hayır.(No.)

今晚要搭夜車前往
阿瑪西亞(Amasya)，
坐地鐵前往巴士總
站的途中，我聽見
隔壁的一對男女偷偷
地在討論我們……，

好像在說我們是日本人，我想捉弄他們一下，於
是大聲地用土語回答：『Hayır!』(NO!)，把他
們嚇了一大跳，又開始竊竊私語，我猜他們
是想練習英文，所以找我們攀談，不過，他們
的英文不太好，想了很久才擠出一個問題，而且
都是平常大家最愛問的那幾題，我覺得可以把
這些全列成『土人最愛問的問題一覽表』，乾
脆做成大字報，任選三題比較快吧！嘿嘿
～ 我故意用土語回答，讓他們驚奇不已！天曉得
我會的單字和句子就只有那些哩！😊

土人最愛問的問題	
1°	where are you from?
2°	what's your name?
3°	How old are you?
4°	what's your job?
5°	Where will you go?
6°	How are you?

→伊茲尼克磁磚

9

7月4日(二) 阿瑪西亞, 初次見面

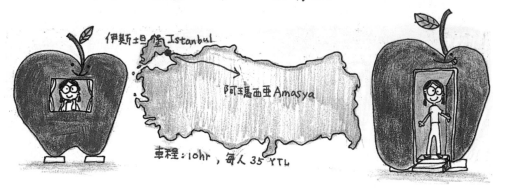

兩年前, 早已見識過土耳其的『地大物博』, 所以當巴士站的人告訴我們, 從伊斯坦堡到阿瑪西亞要坐10小時的車, 我一点也不驚奇, 甚至覺得:『10小時, 只是短程而已!』, 眉頭都沒皺一下, 車子在夜裡10點出發, 四海為家的我在車上呼呼大睡, 醒來時, 已經抵達這個被稱做『蘋果城』的小城鎮, 小巧可愛的街景, 帶子般的『綠色之河』將它一分為二, 新舊市区隔著河流互相對望著。

河的一側, 是安靜的舊式鄂圖曼屋子......

『在Amasya住旅館,一定得住舊屋呀!』朋友一直這樣叮嚀著,並告訴我一間舊屋旅館(低廉的!)的訊息‥‥‥,我打了電話去訂,不過老闆英文不通。我亂講土文才成功訂好!

Otel Kahvecioğlu Konağı

位置就在河邊,是靠新市區這邊的河邊,推開窗戶就可以看見河!

☎ : 0358 2184503

單人房17 Y.T.L, 双人房30 Y.T.L.

三人房45 Y.T.L, 衛浴都是公用的,可是裡裡外外都打點得十分乾淨舒服,屋子裡的擺設很簡單,用的都是土人很居家的擺設,但我很喜歡這種簡單的民宿,我在台灣看過很多拼命想複製異國風情的民宿,花錢擺豪華的、異國情調的裝飾品,什麼就有了,就是沒有情調!

在 Amasya 這個古樸小鎮, 有幾條可愛的小街道, 兩排商店都是歷史悠久的修鞋店、裁縫店. 雜貨店 , 沿著可愛的小巷弄亂逛, 會通往一個小 Bazaar (市集), 這是我見過最迷你的 Bazaar 建築, 店家數很少, 可是很有人情味 ……。只不過, 沒想到, 我在這裡的第一要事竟是『買內褲』, 市集裡有一堆賣內衣褲的店, 可是都是阿伯在顧店, 害我備感壓力與害羞, 不過, 如果我跟阿伯說我要買內褲, 他應該比我還害羞吧 ㊂, 好不容易瞧見一間店是由一個包頭巾的女生在顧店, 我趕緊衝進去, 美麗女生為我介紹了一款性感小褲褲, 我比手劃腳、東指西指, 我要平口褲啦! 可是她竟然拿束褲出來, 後來她終於懂了…, 我說我要大件的, 她拿起其中一件, 双手一扯, 表示彈性絕佳! (應該連裝大象都沒問題!)

(牆上掛滿性感內衣….)

12

顏色呢？唉呀！素色就好了（買完我要趕快閃人！）
，很神奇吧！很多土女人戴頭巾、穿長衫，可是這裡
賣的內衣好性感花俏！果然愛美是女人的天性，恐
怕人家覺得我買那麼老土的內褲，真的好土！買
回去試穿之後，十分滿意，忍不住再回去多買兩
件，我的行動鬼鬼祟祟，好怕被認出來，我想，
依土人愛聊天的習性，明天整條街的人都會知
道我買了三條內褲！

記錄一下在這裡吃的早餐，以
往我吃的土早餐是黃瓜、番茄、醃
橄欖、白煮蛋、麵包，但我的書上
說，以前の勞工都是用一碗扁
豆湯佐著麵包『吃粗飽』，今天我們
也喝湯當早餐，不過，價格很不『勞工』。

麥麵包
番茄
蛋
黃瓜
橄欖
起士

→『Tavuksuyu 很像我們的「雞蓉玉米粥」，
用了米、雞絲、煮成濃湯，超合中國胃。

用麵包沾著湯汁

→ merçimek çorbasi
(lentil soup) 扁豆湯

→ lemon

兩碗湯及麵包 5 ㄚ.ㄌ.ㄌ

→ işkembe
çorbasi
羊雜湯

13

7月5日(三)
被觀光之
一日

我從河的這一邊
去畫另一邊的舊城區,
陡峭的山壁上,有幾
座古墓遺跡,與前2年我
到土耳其造訪 Fethiye 時看
見的古墓有幾分神似,但這裡的古墓 裝飾較少,而
且和很多地区的古墓一樣,免不了被盜墓而顯得寂
寞冷清,有種歷經滄桑的味道。我們曾試圖走
上坡路去看古墓,但一到路口發現必須付門票錢
(1人 2YTU),付錢爬山路的事我們絕對不幹(十分省
窮苦的窮苦2人組),於是轉頭就撤,守門的人立刻
叫住我們,給個『免費優待』,嘿嘿嘿～我們
就這樣溜上去了!不過往古墓和城堡的
路是崎嶇的石頭路,而且已被遊客的鞋底

磨得光滑，害我差點就摔
了個倒栽蔥，在台灣根本不
常運動的我，才沒爬幾步路
就氣喘吁吁，只看了一座墓就
決定不再繼續向上走（沒志氣的兩個人）。

我們坐在河邊啃玉米，寫生，竟然被人拿相機和V8
攝影，Amasya被稱做蘋果城，是旅遊勝地，
但我們並未見到太多觀光客，反而是當地人「觀光」
我們，他們很像在參觀動物園！

當我們在河邊寫生時，不停地
有人駐足「參觀」，要求合照，參觀我們的人
應該比參觀古墓還多吧！

該怎麼形容 Amasya 這個地方呢？我原本以為是個觀光聖地，但其實遊客並不多，而且市区、舊街其實很小，我們昨天早就逛爛了，再逛下去，不會有人問我們從哪裡來？因為這裡的每個人都口耳相傳我們是台灣人；昨天我

店裡客人請喝了6杯茶！

小矮人高度適用的椅子

在 internet cafe 掉手機，今天遇到 internet cafe 的老闆，他還很關心地湊過來問：「手機找到了沒？」，恐怕整條街都知道我昨天在找手機吧！如果我們在這兒住上一個星期，就可以成為上土地方新聞的名人吧！我們想買明信片來寫，但豈料此地太不觀光化，不但連 information center 都倒了，而且還沒賣半張明信片，我們只好學當地人進茶館消磨時光，沒想到，在茶館，只要我們一喝完茶，放下玻璃杯，旁人就

指示影計為我們添上新茶，讓我們絲毫沒有『休息』的機會，一杯接著一杯，我們竟然總共喝了六杯茶，在我掏錢付帳時，影計表示旁邊的客人要請客。我害羞地表示不好意思，但是他們堅決不讓我們付錢！

老闆請喝茶

Kiraz(Cherry)

→坐在理髮店對面牆邊

Kiraz(Cherry) 櫻桃是理髮店老闆請的

下午到舊城區有三百多年歷史的 Hatuniye 清真寺和附近的老人一起祈禱，路人甲請我們吃葵花子，有人問我們是從哪裡來的？清真寺的管理者還幫我們回答：『台灣啦！』（他昨天就問過相同的問題了！）（完了，我們真的好出名！），做完祈禱後，既然閒著沒事，不如就去畫理髮店吧！我想畫理髮店好久了，這兩天在街上漫遊的結果是發現當地有兩大行業～茶店和理髮店，理髮店清一色全是男性理髮店，土男們十分重視自己的儀容，鬢角一定修整齊，鬍子一定刮乾淨，頭上的髮油根據目測至少應該抹上半罐髮油吧！如果有蒼蠅哩停在上面應該會滑倒吧！重視儀容的結果造成三五步就可看見一間阿公理髮店，我挑了一間在街角的理髮店，就定位之後，開始寫生，裡頭的夥計偷瞄到我在畫畫，一直偷笑，後來夥計走出店外，去牆角柱子上的對講機向茶店叫茶，

滑～ 滑～ 滑～
裝深情！
變耍帥的土耳其滑頭男！

我以為是店裡客人要喝的，不引以為意，繼續寫生，但萬萬沒想到，茶店送茶過來的時候，他們竟然從理髮店裡搬來板凳，放在我們面前，請我們喝茶，隨後又再端來一盤鮮嫩欲滴的櫻桃，讓我們受寵若驚，只有回贈從台灣帶來的小小紀念品表達感謝，對於土耳其人的友善與熱情，我們真的好感動，Linlin說，愈是國際化的大城市，可能愈感受不到這種熱情，可不是嗎？在大城市裡，人與人的關係流動快速，而像Amasya這樣的小地方，卻可以感覺到那種打從心裡出發的歡迎與善意。

18

7月6日（四）聽見天籟

在來到土耳其之前，我對伊斯蘭文化的認識只有來自課本及媒體的報導，偏偏新聞媒體又十分糟糕地老喜歡把穆斯林（信仰伊斯蘭教的人）和恐怖份子畫上等號，但是，開始接觸土耳其的事物之後，我閱讀了一些有關伊斯蘭教的書籍，也開始認識這一方人群的良善與美好。昨天，我們在舊城區的一處古老清真寺安靜地參與祈禱的過程，當儀式開始，朗誦可蘭經的聲音由近而遠、由遠而近，好像在另一個世界低吟著什麼，可蘭經文如詩，押韻對仗，雖是朗誦經文，但卻猶如吟唱天籟一般……，

讓人猶如沐浴在宗教氛圍裡。

(Büyükağa Medresesi 建於1488年的一所宗教學校。)(in Amasya)

19

今天我們參觀了這裡一所古老的伊斯蘭宗教學院，抵達大門時，厚重的大門深鎖著，側著臉、豎起耳朵貼在門上，卻隱約可以聽見由門內傳來的聲響，也許它不對外開放吧？『充滿宗教神聖感的場域怎容遊客破壞？』我在心中這樣告訴自己……，於是沿著牆邊一步步地慢之欣賞這座古老的宗教學校，直到整整繞完一圈才停下腳步，再望向那道深鎖的大門，道聲再見，準備離開……，可是，十分驚奇地，好像猜對了謎一般，門～竟～然～打～開～了！守門的小孩點頭示意我們可以進入，我誠惶誠恐、躡手躡腳地，好怕打擾了這天堂一般遺世獨立的寧靜，院裡大多是十幾歲的小孩，被送來這裡學習做一位伊斯蘭信仰的追隨者與傳遞者，走廊上隨罝著長桌、矮凳，孩

我輕輕地，躡手躡腳地，怕踩破了這裡的寧靜與詳和……

in Büyükağa Medresesi

子們有的席地而坐，有的倚著長桌，面前一本聖典～可蘭經，吟哦聲不絕於耳，我懷疑自己是否墜落到另一個世界？是的，這個伊斯蘭信仰的世界需要他們，當一個忠誠不渝的追隨者，傳遞言行智慧與光亮的方向，我站在中庭，仰望天際，只覺得陽光閃爍。

畢竟只是十幾歲的孩子，儘管朗誦經文時，咿咿唔唔，點頭搖晃如同讀經的無心小和尚，不過，見到我們兩個意外的訪客，還是掩飾不了天真與好奇，他們引領我們進入祈禱室，你推我擠地問我們從哪兒來的？在做什麼？後來他們推出一位公認最能記誦可蘭經的小孩，為我們朗誦一段經文，好美的聲音，每一個字、每一個音，好像輕拂過臉龐，我好像可以聞到天堂裡的芳香。後來，他們喧鬧著很有新鮮感地要求一一合照，我突然想起『高山上的世界盃』裡那群天真單純的小喇嘛，是呀！天真是掩飾不了的呀！

泣

我被那聲音感動得快要流淚！

土耳其人除了善待
客人之外，也善待
鳥兒，對土耳其人
而言，鳥兒是他們
的朋友，對於空中
飛翔的朋友，他們

kuş! (Bird?)

kuş? (Bird?)

為他們準備一個可愛的家，
在一些木結構建築上，我曾看
過人們為鳥朋友加蓋一個小小
屋子，我在 Amasya 的 Sultan Beyazit
II Camii 也看到鳥兒的小小屋子，這間
清真寺建於 1486 年，其實在同一位址，是
包含了清真寺、宗教學校、社會救助機構（用以救
濟貧苦的大眾廚房）。我們每天都來這兒散步，今天我決
定要畫清真寺牆上的小鳥屋子，但我很怕自己弄錯，
所以特地向旁邊賣念珠的阿伯求證，我用手指著高
牆上的凸出物，說：『kuş？』，阿伯很高興地也跟
著指著鳥房子說：『kuş！kuş！Evet！（是！）』，土耳其
人幫鳥造房子，其實是與中國傳統建築中的『鳥仔
踏』一樣，只是這種尊重自然的精神慢慢式微了。

上面的阿拉伯字是"阿拉"

小朋友送我的項鍊!

在土耳其成為少男殺手的peiyu

阿拉會保佑我!

和拿著可蘭經,阿拉伯生字本的小孩一起照相

小男孩摘來送我的花!

在清真寺畫房子時,不停地有小男孩小女孩跑來和我們講話,用有限的英文和土文單字聊得好開心,我和Linlin覺得好奇怪,哪裡跑來這麼多小孩呀?他們不必上學嗎?我們就像國際巨星一般被環繞著,喔!原來是學校的校外教學,教授可蘭經的老師帶著小朋友來參觀清真寺,老師發現小朋友不見了(全聚集到我們身邊『參觀』外國人!),要他們集合,他們一哄而散,但過不了五分鐘,又全部又靠過來了,一一向我們介紹

23

自己的名字，可能是因為校外教學的關係，老師規定他們每個人要帶可蘭經來，於是每個小朋友都把家裡的可蘭經帶來了，當他們爭先恐後地把手上塑膠袋的可蘭經拿出來時，哇！Size還差英多，有的看起來真像百科全書，(讓我想起小學時，作文課，老師要我們帶字典，有一個傻蛋帶了辭海！)，小朋友不斷地用有限的英文、土文單字和我們交談，其中有一對小男生長得爆像，不斷地想比手劃腳想告訴我們其實他們是兄弟，其中一個還抓起另一個親了一下，手拉手裝成相親相愛的樣子，可愛的模樣真是把我們都打敗了！(搞不好

他們其實前一分鐘還在打架呢！)，另一個小男孩去花圃摘了鮮花來送給我(亂攀折花木，我好怕他被大人打喔！)，最令人感動的是有一個小朋友摘下身上的護身符 → 象徵阿拉祝福的項鍊，要我戴上，放進衣服裡，小朋友無私的贈與讓我好感動，我想，今後，當生命的路途有風有雨時，我會記起他們的笑容。

管子可排煙，管子下方可加入炭火。

熱開水

(路邊煮茶の聰明壺)

利用蒸氣加熱茶水

We are brothers

24

告別了宗教学校及清真寺的可愛小孩，我們在荼館
殺時間，等待往 Tokat 的車。
"Tokat" 這個地方原本不在
我們的旅行計畫中的，但
是由於到 Sivas 的巴士時間
實在太晚，我們不想半夜被
丟在 Sivas 街上，於是我們

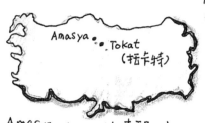

Amasya → Tokat 車程 2hr
每人車資 10 Y.T.L

決定先坐車到 Tokat 待一晚，但沒想到一個不在計畫
中的小城，竟成就了此行一趟驚奇之旅。我的旅
遊書上這樣描述著 "Tokat"：『這個小城曾是絲路上
一處重要的驛站所在，可以看到古老的 Hamam (土耳其
浴室)、清真寺，除了生產銅器之外，有一種印花染布
遠近馳名。』從 Amasya 到 Tokat，巴士走的不是高速
公路，而是可愛的鄉間小路，可以盡情欣賞車窗外
的風景無限，牛羊悠閒地在田野中漫步，天色漸暗，
抵達 Tokat 的時間差不多是晚上8點，旁人告訴我
們已經沒有可以載我們到市中心的接駁巴士了，我
覺得有點緊張 (奇怪，才8點，有
什麼好緊張？但出門在外，總
覺得夜晚代表危險!)，只好隨
便抓住一個路人甲，他不懂英文，
可是卻一直說一切包在他身上。

Evet! Evet!
(不知道
→ 所託非人!)

不通英文
的路人!

25

路人甲叫做
Hakan，雖然
不懂英文，卻
又很盡責地
打電話給住
在遠方城市
的朋友充當
翻譯（哇！真是傻眼，遠水救得了近火嗎？），但 Hakan
即使見到我和他的朋友雞同鴨講，卻還是強調一
切 o.k，表示他家人英文一級棒，而且已經開車過來，
謝天謝地，他的家人來了，而且英文流利到不行，我
原本以為他們會開車送我們到市中心就好，但沒想
到美女駕駛表示她
的七歲女兒今天生日，
他們舉辦了一場家
庭聚會，邀請我們
一起參加，貪吃的我

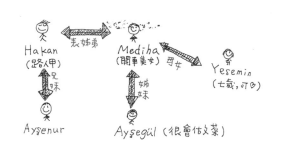

想都沒想就說『Tamam』(好！)，就答應了！
我們參加這場家庭聚會，很顯然地令所有在場
的親戚精神為之一振，所有的話題全繞著我
們打轉，於是我們又忙著解釋自己並非來自Japan，
也不是 Korea，更不是 Thailand，在場的人同時開
火，問我問題，真是混亂到了極點，而且

他們的家族關係實在太複雜了，我一直處於一種『狀況外』的狀態，土耳其人十分重視家族關係的維繫，美麗的 Mediha 告訴我們，她的先生在安卡拉工作，但她十分期盼先生可以在 Tokat 找到新工作，因為她的親戚全在這兒，所以她十分期待可以留在這兒，而不是搬到孤單的安卡拉去，在這一晚家族聚會的大陣仗中，讓我體會了土人對家族關係的重視。

聚會結束得好晚，加上英文雞同鴨講，我已經死掉不少腦細胞，原本 Mediha 的家人一直盛情邀請我們住下，但我們莫名其妙到人家家裡的 party 大吃大喝，如果再住下來，會不會太誇張了一點？還是去住旅館好了！但沒想到 LP 介紹的平價旅館竟倒了，原地重建一間高級 ☆☆☆ 旅館，三更半夜，只好硬著頭皮住下，睡夢中，感覺鈔票一直飛走！

（第二天立刻搬到便宜的！）
HOTEL ÇAMLICA
TV'Lİ ODALAR - 24 SAAT SICAK SU
AÇIK BÜFE KAHVALTI ve LOBİSİYLE
HİZMETİNİZDEDİR.
◎雙人房 with bathroom　40 Y.T.L
Telefax : 0 356 214 12 69 - 212 78 91
G.O.P. Bulvarı No. 179 - TOKAT

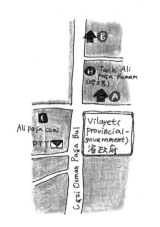

Tarihi Ali
Paşa Hamam
(古土耳其)
Ali paşa cami
PTT
Vilayet(
Provincial-
government)
省政府
Cazzi Osman Paşa Bul.

beykonağı
www.otelbeykonagi.com
錢多多可以考慮這裡：
◎雙人房 with bathroom
+ breakfast　100 Y.T.L
Tel : +90 356 214 33 99
Fax : +90 356 212 48 38
Cumhuriyet Meydanı - Tokat/Türkiye

27

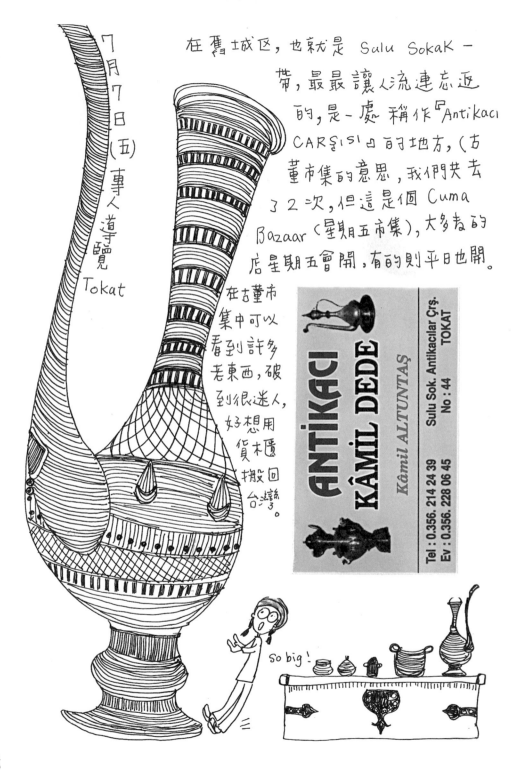

7月7日(五) 專人導覽 Tokat

在舊城區,也就是 Sulu Sokak 一帶,最最讓人流連忘返的,是一處稱作『Antikacı CARŞISI』的地方,(古董市集的意思,我們共去了2次,但這是個 Cuma Bazaar (星期五市集),大多數的店星期五會開,有的則平日也開。

在古董市集中可以看到許多老東西,破到很迷人,好想用貨櫃搬回台灣。

ANTİKACI KÂMİL DEDE

Kâmil ALTUNTAŞ

Sulu Sok. Antikacılar Çrs.
No : 44   TOKAT

Tel : 0.356. 214 24 39
Ev : 0.356. 228 06 45

so big!

28

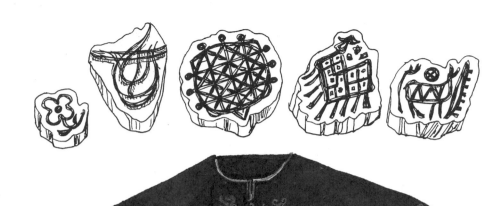

12 YTL

(15YTL)

『Yazma』是托卡
聞名工藝,稱為
他們用木頭
紋做為模版,
工印染圖案
章一般地,
出一連串重複
規律的美感,
以包計程車
factory」(印
但我們沒去,

特著稱的一種
『印染花布』,
雕刻美麗花
在胚布上手
,就像蓋印
在布上顯現
的圖案,有
LP上有說可
去看「Yazma
染花布工廠),
可是在舊城区

的街道可以看見商店前的印染花布在風中飄揚,把
馬路點綴得五顏六色,我買了黑色薄長衫,Mediha
買了2條頭巾,請老板包好,說是給我們的禮物,好驚喜。

29

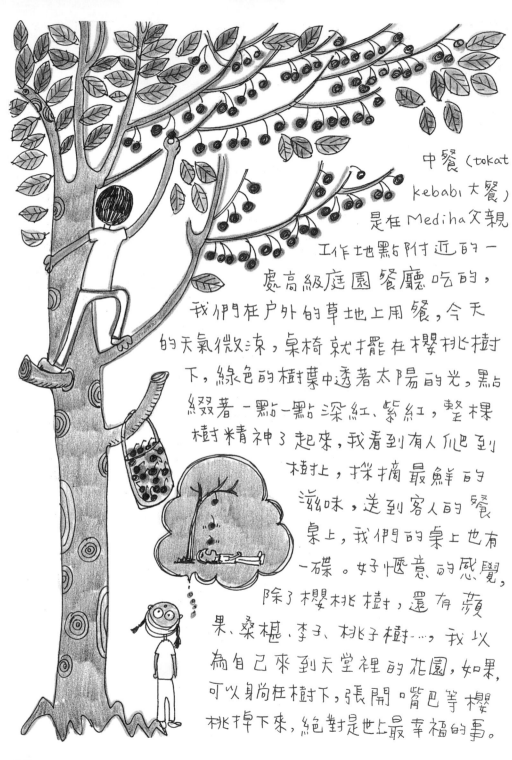

中餐（tokat kebabi 大餐）是在 Mediha 父親工作地點附近的一處高級庭園餐廳吃的，我們在戶外的草地上用餐，今天的天氣微涼，桌椅就擺在櫻桃樹下，綠色的樹葉中透著太陽的光，點綴著一點一點深紅、紫紅，整棵樹精神了起來，我看到有人爬到樹枝上，採摘最鮮的滋味，送到客人的餐桌上，我們的桌上也有一碟。好愜意的感覺，除了櫻桃樹，還有蘋果、桑椹、李子、桃子樹…，我以為自己來到天堂裡的花園，如果，可以身躺在樹下，張開嘴巴等櫻桃掉下來，絕對是世上最幸福的事。

يَيُو =peyu

لا إِلَهَ إِلَّا اللَّهُ =There is no other God only One Allah (God)

أَبِسْمِ اللَّهِ الرَّحْمَنِ الرَّحِيمِ =I starting with name of Allah.

Local cuisine :
Tokat kebabı 〈托卡特火考肉～道地風味餐〉

材料：羊肉，茄子，青辣椒，馬鈴薯(切厚片)，蕃茄，大蒜

作法：用一根超大支的火考肉針把食材串起來，懸
　　　掛著送入灶裡烤，因為刻意挑選肥瘦兼
　　　具的羊肉，所以在烤的過程中，肥肉上的油
　　　不斷地滋々作響，滴下來的油可以增加
　　　蔬菜的風味，讓蔬菜不致於太乾澀。

吃法：通常侍者會將烤肉針上烤好的食材－－
　　　取下，平鋪在盤子裡成一座小山丘，且會
　　　提供薄餅皮，讓大家做成捲
　　　餅，大快朵頤 ☺

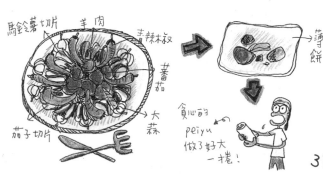

馬鈴薯切片　羊肉　青辣椒　蕃茄　大蒜　茄子切片

薄餅

貪心的 peiyu 做了好大一捲！

31

7月8日（六）可愛的土男 "Hakan"

自從那天晚上在巴士站被 Hakan 撿到之後，我和 Linlin 就覺得他超好笑、超可愛！他總是西裝筆挺，穿得超正式，我們都說他是土耳其上流社會的代表，而我和 Linlin 兩人穿得邋遢破爛，站在他旁邊，看起來跟婢女沒啥兩樣！他的英文程度只有一句『how are you?』而已，卻對於在路上撿到我們兩個台妹十分沾沾自喜，打電話向眾親朋好友宣布，他遠在 Antalya 工作的哥哥不相信他說的話，要求跟我說幾句話，以茲證明！哈！真可愛的土男 Hakan！Hakan 因為必須上班，不能陪我們出遊，沮喪到不行，昨晚又因為太晚下

天熱天，他仍堅持西裝筆挺！

班而錯過與我們共進晚餐的時間，於是我們訂下今日的早餐約定，他們整家族的人實在太熱情了！

可愛的 Hakan 連出來吃早餐都是西裝筆挺，而且他對於請我們吃早餐這件事十分

好好吃！一種果醬 kusburnu（侍者幫忙查英文名字是 Rose Hip）

Hakan 的茶加了 5 顆糖，恐怖！

最盡責的，連笑話也翻譯的 Aysenur！

32

重視，其實我們吃早餐都很隨便，但 Hakan 堅持一定要去氣氛很高級的現代餐廳才不至於怠慢我們兩位 "貴客"（最好我們兩個有很高貴啦！）吃完 "高貴" 的早餐後，Hakan、Aysenur 陪我們瞎晃，去逛舊城区的巷道，我特愛舊門把，只要有可愛的舊門把出現，Hakan 一定會興奮地指給我看！

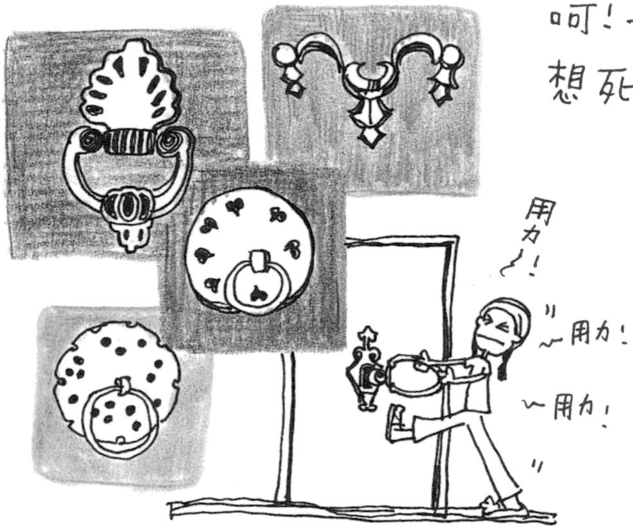

用力！
用力！
用力！

呵！如果可以的話，好想死命偷拔一個帶回家，但萬一被抓去關就惨了！在舊城街的街道，好奇的小孩跟在我們後面，成群結隊地……，遠方傳來傳統音樂，呵～原來是有人舉行婚禮，我們歡欣鼓舞地衝去看，立刻被奉為上賓，吃起路邊流水席，樂隊為了滿足我們的好奇心，還不斷地 "加演"，吃完了後，他們還打開廚房讓我們進

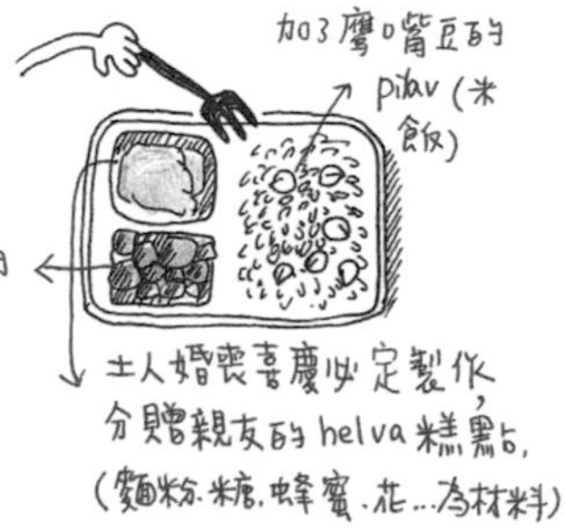

加了鷹嘴豆的 pilav (米飯)

肉 →

土人婚喪喜慶必定製作分贈親友的 helva 糕點。
（麵粉.糖.蜂蜜.花…為材料）

33

Ayşenur 送我的可
愛小髮飾!

Hakan 送的手鍊
(是有宗教意味的!)

生平從未
擁有這麼高
級的大浴巾
! Bursa 製造

towel

去拍到高興為止, 我隨口問起
新郎是誰? 新郎立刻現身向我們致意, 哇! 好
樸素的新郎喔! 原來婚禮是晚上才開始, 所
以他尚未換裝, 他還邀請我們參加晚上的跳
舞狂歡, 若不是我們晚上即將搭夜車離開,
Hakan 說他一定會帶我們來熱鬧個夠, 我跟
Ayşenur 說, 在場的所有人中, 看起來最像新郎
的, 應該是穿得最體面的 Hakan, 大家聽了, 全
都笑翻了! 其實 Hakan 今天穿得這麼體面, 也
給我們賺到不少好處, 比如說有一間正在整
修的博物館, 原本是不給參觀的, 但是因為體
面的 Hakan 去打聲招呼, 對方一看到
有 "上流社會" 人士帶著兩個外
國人來, 不但開門讓我們
進去, 還派專人導覽, 這
個即將開放的博物
館 2 樓是有

假人會動!

34

關迴旋舞的介紹，整個空間配置和前年我在伊斯坦堡看迴旋舞表演的場地非常相似，幾可亂真的假人擺設在場地中央，我隨意瀏覽，卻在一瞬間，音樂響起，所有的假人開始旋轉，害我以為發生靈異事件，當場嚇到不行！Ayşenur 和 Hakan 買了小飾品送給我們，還好我帶了中國風手機吊飾回贈給他們，他們真的超熱情的，我說要去超市買毛巾（我的毛巾掉了！），可是溝通困難，後來他終於弄懂我要買毛巾，眼尖的我看見路邊攤有賣，但 Hakan 嫌路邊攤水準太糟，堅持要去"上流"店鋪買，他選了2條"上流"的超大毛巾，並且堅持要付錢，我說我要小條的，但他很堅持要我收下那兩條超大毛巾，天哪！我的行李箱在今晚會爆開來！我決心要送他們特別の禮物——中國書法，於是請 Hakan 帶我們去茶館，我準備現場揮毫，我和 Linlin 其實很喜歡路邊小茶店，但 Hakan 卻堅持要去本地的"101"頂樓"上流"茶館，天哪！害我以

（還好帶了毛筆，但沒帶墨汁，只好用压克力顏料調！）

平安　如意

（我送Hakan、Ayşenur各一弓長中國書法！）

為自己身在台北的丹堤咖啡！

7月9日(日) Ebru 藝術行體驗

車程: 2hr　車貸: 每人10 Y.T.U

昨晚搭夜車到 Sivas 這個大城市，其實也不算夜車啦！很奇怪地，所有到 Sivas 的車都是晚上才有得搭，我推測可能車子是由其他城市開來 Tokat，把我們撿上車之後，才開往 Sivas，我們晚上八點才上車，我有點擔心到了 Sivas 後，沒有接駁小巴士可以搭，可能必須搭計程車，為此我特地預約了位在警察局附近的旅館，如果要搭計程車的話，就等他們直接送我們去警察局就好！哈哈！抵達 Sivas 時，已經是夜裡10點，其實我一向是避免在夜晚抵達陌生城市，但有時這種情況很難避免，所幸，車站裡有個通勤上班的阿佰不忍心見到我們迷失在街頭，雖然阿佰一句英文也不會說，但是

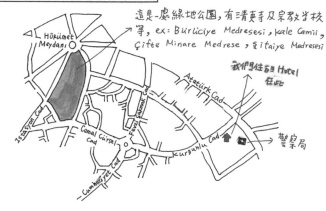

Muzaffer Çakır
OTEL ÇAKIR

Kurşunlu Cad. No: 20　Tel İş : 0 346 222 45 26
SİVAS　　　　　Cep : 0 532 262 19 91

雙人房一晚 35 Y.T.U (有衛浴附早餐)，在這間 hotel 前面放眼望過去有很多家hotel但我們太晚到，沒力氣去比價，就直接住了。附近有 internet cafe.

這是一處綠地公園，有清真寺及宗教學校等，ex: Bürliciye Medresesi, Kale Camii, Çifte Minare Medrese, Şifaiye Medresesi

Hükümet Meydanı

İstasyon Cad.
Cemal Cürsel Cad.
Fevzi Sakmak Cad.
Atatürk Cad.
Kurşunlu Cad.
Cumhuriyet Cad.

我們住的 Hotel 住此
警察局

我們用有限的土文單字還是溝通得很開心，他帶我們搭公車去找旅館，上車時，還十分堅持地付了車資，害我們感動得不知如何是好，他把我們平安送達旅館，確認無誤後，提著公事包的身影才消失在深夜的街道中……。

真的有人會穿軍服拍照嗎？？要2 Y.T.U 吧！

我們今天的『輕行程』是隨意瀏覽市中心的古蹟，今天是假日，全市的人應該全體出動了吧？在 Bürüciye Medresesi, kale Camii, Çifte Minare Medrese, Şifaiye Medresesi 週圍的大公園，草坪上躺滿了人，土耳其人真是熱愛野餐的民族，小販也趁機大發利市，今天還看到一個特殊行業，有一個阿伯提供了兩個挖了洞的布景，並提供帥氣軍服，讓人站在布景後露臉拍照，即可拍相片一張 2 Y.T.L（我在太魯閣有看過穿原住民服裝拍照的！），真的有人會想拍嗎？（你可以再蠢一點呀！）。但生意居然不差，害我好想也來擺攤賣中國字，應該會賺吧！因為土耳其人實在非常有好奇心且勇於嘗試。

來擺攤吧！1TYL就好！

1 Lira

Your Name in Chinese

37

土耳其傳統藝術
Ebru （英文： Marbling Art)

Bürüciye Medresesi 是一所古老的伊斯蘭宗教學校，如今卻充斥著紀念品店，人潮洶湧，我們不想久留，也沒心情正眼瞧瞧這啥塞爾柱土耳其風格的建築，只想逃離這個當地人眼中的觀光勝地，我眼尖地發現入口處有一個藝術品攤位，我問老闆：『Ebru？』，老闆有點驚訝地點頭：『Evet（是！）』（他可能覺得怎麼外國觀光客也懂Ebru？）事實上，我對細密畫一直很有興趣，我知道從前的細密畫家會以這種紙為底來作畫，我在伊斯坦堡的舊書店也曾看過以這種紙裝幀的可蘭經，飄逸的阿拉伯書法揮灑在雲彩般的紙上，十分迷人；我曾在網路上搜尋和Ebru有關的資訊，也不小心和一位在伊斯坦堡開設工作室的老師取得連繫，他歡迎我到伊斯坦堡時，可以去參觀Ebru展覽及教學。Ebru是畫在水面的雲紋紙，用顏料先在水面畫出各式圖紋，有時是畫出幾何圖形、有時則用細尖的筆挑出美

用金十筆沾顏料在水面上彈、挑，甩出圖案，須避免氣泡產生

拿一張白紙蓋在水面上，靜置等，等紙吸附顏料

把紙從水面上抽離，平放桌面晾乾！完成！

世界第一偉大Ebru藝術家：Peiyu

38

麗的花草圖案，也可以勾出阿拉伯書法、宛如龍飛鳳舞，因為顏料本身是不溶於水，所以等於是用顏料在水上作畫，等到水面上的圖畫完成後，就把白紙蓋在水面上吸取顏料，然後小心翼翼地將紙抽離水面，就是具有流動效果的美麗 Ebru 作品了。現場展示了許多作品，很多都是鬱金香細長優雅的身影，鬱金香原產於中亞，很早就傳到鄂圖曼土耳其帝國，荷蘭的鬱金香還是從土耳其傳去的呢！

Kayisi (英:apricot) 杏子乾

老板請吃巧克力點心。

土耳其的杏子乾肥厚香甜，我們買了一些當零食，找了一間點心店坐下來寫日記，點了兩杯茶、Simit 麵包，埋頭苦寫，店老闆又再送上精緻的巧克力點心，我趕快澄清：『沒有點這個呀！』老闆說是免費招待，我們超級不好意思，趕快把日記寫一寫，準備閃人，再待下去，恐怕老闆就要端晚餐過來了！我畫下小西點，再用中文寫下『謝謝』，送給老闆，他開心地笑了！

其實，我早就算不清楚，這是來土耳其之後被招待的第？杯茶，我無法正確地以土耳其語表達我的感動，常常都只是一個勁兒地傻笑，我由心底為他們祈禱，願上天保佑這塊土地上的熱情子民平安、快樂。

7月10日(一)　神奇小魚溫泉

其實Sivas是有點boring的城市，若不是為了要去神奇的魚溫泉，我們不會來這裡，也不推薦別人來，這個熱鬧的城市沒什麼特色，但卻是前往魚溫泉的最佳轉車點。

No——No～　Go!Go! Go!　kaliki kaplica!

又來了!　天呀!

其實在Sivas轉車去魚溫泉是十分容易的，我是莫名其妙被『拖』上車的，昨天我到車站詢問魚溫泉的車次，還沒開口，就在車站外被一個 瘦 黑 高 的男子不分青紅皂白地死命拖住，他不懂英文，只知道要拖

Linlin　Peiyu　嘩～咻～　conga ?=3

住我這個要去魚溫泉的無知觀光客，把我推上車就可以賺錢，我死命掙脫，用有限的土文單字嘶吼著：『不!不是今天，明天才要去!』，但他還是死命拖住我，後來是警察出門解圍，我才脫困。今天到車站時，我準備先去寄放行李（因為晚上要搭車去Diyarbakir），但 瘦 黑 高 男子又突然竄出，搶走我的行李，要拖我去搭車，一直嚷著：『車子來了!車子來了!』，我只好死命搶回行李，可是他今天帶了一個小孩來當助手，我們四人簡直是在巴士站上演一場眾所矚目的鬧劇，我用英文狂叫，男子則用土語叫囂，且異想天開地以為搶走我的行李，我就會乖乖跟他走，就這樣你爭我奪，又叫又跳，直到一位擔任英文老師的救星出現，混亂的場面才穩定下來，我終於拿回我的行李，並且成功地寄放在巴士站的櫃台，但在一剎那間，男子的眼角餘光瞥見巴士駛過，他跳起來、尖叫著又死命拖住我：『車子!車子來了!』，男子瘋狂地拉著我向前衝，用長長的口哨聲要巴士停下來，把我奮力推向車門，呼!終於趕上了!當我們倒在座椅的那一秒鐘，真是差點被這一連串的追逐弄到累癱過去，我真好奇這個瘦黑高的掮客，到底可以抽成多少？我一定要告訴所有想到魚溫泉的人，只要站在 Sivas 車站，等那個瘦黑高男子來抓你就好了!

魚溫泉攻略

1° 在 Sivas 的 Otogar
（巴士總站）旁邊的
ilçe-köy Terminali

Sivas

Balıklı kaplica
魚溫泉

Kangal

Sivas → kangal ≒ 1.5 hr
kangal → Balıklı kaplica ≒ 10 min

41

(也就是minibus terminal 迷你巴士站) 搭乘前往
Kangal的車, 距離約98km, 票價每人5 Y.T.L, ≒
1.5 hr)
2° 從Kangal 到 Balıklı kaplıca (魚溫泉) 無公車可搭,
必須包計程車, 距離約13km, 兩人包車價格
(來回) 共25 Y.T.L, 沿途景象荒涼、渺無人煙,
少有大樹, 想走路前往者, 須嚴防被晒昏。

注意！大注意！⇨ 魚溫泉大眾池開放時

間: 14:00～18:00, 票價每人
5 Y.T.L (但根本沒人驗票,
不知買票做啥?)
神奇的魚溫泉乾癬治療
中心 Balıklı (fish) kaplıca
(hot spring), 據說是有一個

只有人！
Balik
Yok !
沒有魚！

牧羊人發現當地的溫泉具有療效, 於是這個溫泉
開始引人注意, 興建了簡單屋子, 慢慢地演變成
一處皮膚病醫療中心, 這兒的魚很神奇
, 牠們會分辨好的皮膚及長癬的皮膚,
然後吃掉皮膚上的壞東西, 所以這兒
被認為是一處絕佳的皮膚病治療中心！
可是, 滿懷期待的我, 到現場一看, 滿坑滿谷的
人, 魚呢? 找了好久, 我發誓我只看見三條。因為

傳說這裡可以治皮膚病,所以很多人慕名而來,這個
女性の大眾池設備超雨光,嚇!這麼多人,魚應該
早就被毒死了吧!根本不像溫泉簡介の照片那樣會
有成群的魚兒游來游去 我之前還幻想也許可以在
池畔垂釣咧~真是異想天開。
當我看見一個土媽把一個光
溜溜的嬰孩高高舉起,準備
放入溫泉池,我當下決定
認賠殺出,因為那小嬰兒身上

Balikli, kaplica göl

可能是得尿布疹或啥的?我覺得我萬萬不可再泡,
搞不好泡了以後反而會得皮膚病!當地人都覺
得我們很奇怪,因為我們泡不到一分鐘!懷著失望
的心情,走回茶館寫日記,但我不死心,不可能只有
溫泉池有魚吧?
我把目光移到
旁邊的溪流,難
道河裡沒有魚?
有2個阿伯在
那兒閒談泡腳,
哈!果然被我
找到了!我迫不及
待也加入其中!

A....
啊啊
啊
啊啊

這個男人把自己整個
泡進水裡!

43

這才是真正的魚溫泉！當我把腳放進溪水中，眾魚立刻蜂湧而至，被魚兒輕啄的感覺有點癢癢刺刺、酥酥麻麻的……。
（有個男的一直尖聲怪叫，好好笑！）
魚兒一直圍著我的雙腳，數量有增加の趨勢！咦？難道我的皮膚病得不輕？這些盡責的魚把我腳跟上的老化角質吃得乾乾淨淨，比用任何磨砂膏都還更有效，

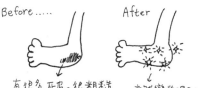

Before……   After
有很多死皮，很粗糙，甚至黑黑的，好醜！   竟然變光滑了！

好神奇喔！（我好像在打廣告！）呵～應該把這種神奇小魚抓回去台灣，然後開一間美容中心，一定會非常非常賺錢！我們就這樣乘著

TAIWAN
Peiyu皮膚美容中心

樹蔭下的涼風泡了2個小時，直到計程車來接我們回 Kangal，等最後一班18:30的巴士回 Sivas，Kangal 是個鳥地方，我們可不希望被丟在這裡！我們十分戒慎恐懼，只差沒緊緊抱住站牌！

Kangal → Sivas
汪   kangal dog

7月11日 (二) 西瓜城裡大吃西瓜

when we were on the bus....

ZZZZ

Sivas
錫瓦斯

DIYARBAKIR
迪亞巴克

坐夜車 (11:30—隔天7:00)，共7個半小時，每人車資 30 Y.T.L

為了多爭取

時間、並且節省旅館費用，只要是超過6小時的長途車程，我們會選擇搭夜車，我天生就是適合貧窮旅行的命，向來不暈車、不暈船、不暈機、不挑食（別人拉肚子時，我的腸胃都還很穩！）而且不認床就算了，無論坐任何交通工具，我一坐下就可以睡得超安穩，像是昨晚這趟夜車，就算車上有2個哭得聲嘶力竭的小嬰兒，我依舊睡得香甜又滿足，被吵得快炸開的 Linlin 嫉妒得很想打我。

HOTEL MALKOÇ

✓ Kaloriferli
✓ Sıcak Sulu
✓ Banyolu
✓ Klimalı
✓ Televizyon ve
✓ Tüm Personeliyle
Hizmetinizdedir.

İnönü Cad. Sütçü Sokak No. : 6
TLF : 0.412. 224 46 42 - 228 49 80
Fax : 0.412. 228 61 34 - DİYARBAKIR

因為坐夜車，有点累，所以在北城門（Harput kapısı）的旅館大本營隨便找一間，進去躺平，雙人房（附衛浴）一間 30 Y.T.L，離舊城區超近。（有冷氣！） 45

Diyarbakır是土耳其東南部的重鎮,因位置優越而興起,舊城是由城牆所圍繞,有東西南北四個門,城牆可溯源自 4~5 世紀拜占庭時期,不過在西元639年落入阿拉伯人手中,把許多教堂改建成清真寺,這座長達 5.5 km 的城牆據說次於萬里長城,是世界第二牆,而只有在課本上會出現的『底格里斯河』,則從城牆東側緩緩流過;我們走到東側城門附近,聽說可以從這兒爬上城牆登高望遠,可是愈走愈擔心,這一区感覚人煙稀少,路邊有一些房子,不斷地有一些老先生、老太太

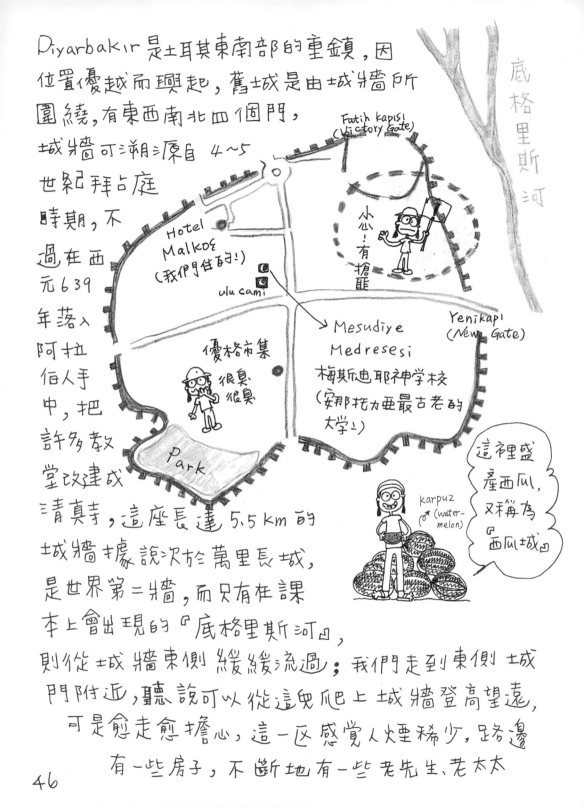

底格里斯河

Fatih kapısı
(Victory Gate)

小心!有搶匪

Hotel Malkoç
(我們住的!)

ulu cami

Mesudiye Medresesi
梅斯迪耶神学校
(安那托力亞最古老的大学!)

Yenikapı
(New Gate)

優格市集
很臭很臭

Park

karpuz
(water-melon)

這裡盛產西瓜,又稱為『西瓜城』

跑到我們面前，雖然他們不懂英文，但卻用『行動劇』告訴我們最好別登上城牆，還有小心自己的財物，這裡有搶匪出沒……，因為不斷地有好心人阻止，所以我們決定不登上城牆，選擇鑽進旁邊的小巷，沒想到，那又是另外一個世界……，我想這裡應該是城裡最貧窮的一區吧！從虛掩的門可以看見屋子裡家徒四壁，沒有任何家具，只有地上鋪著破毯子……，走過的人們，面無表情地。

這是一個氣氛很特殊的城市，一進城我就嗅出不尋常的氣氛，這裡旅館很多，但絕大多數都空空蕩蕩，而且走個三，五步就是荷槍實彈的警察，鮮少有觀光客的臉孔出現，來這兒之前，朋友以他的經驗提醒我在此地要小心謹慎，尤其不要討論任何敏感的政治問題比較好，ex：PKK（kurdistan workers Party 庫德族分離主義的領導組織），雖然整體說來，最近幾年這兒的政治情勢已趨於緩和，但這個被視為是庫德族大本營的城市依然有隨時被引火爆的可能。

♡ 1. shal Barsh (Good evening)
♡ 2. Rose Barsh (Good day)
♡ 3. Sparse (Thanks)

一頓最完美的餐點

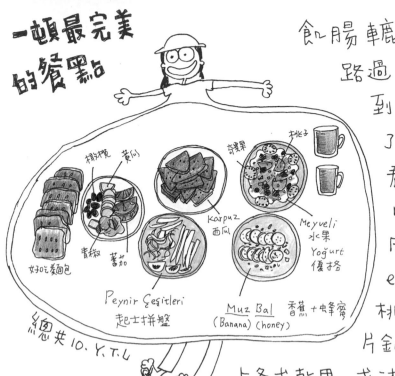

飢腸轆轆的我們路過街角時,看到兩個阿公叫了水果拼盤,看起來似乎美味到不行,不同顏色的水果ex:西瓜、香蕉、桃子、奇異果切片鋪在一起,灑上各式乾果,或淋上蜂蜜......

天啊!簡直讓我無法克制自己,趕快衝進去坐下來,可是店裡沒有菜單,怎麼點咧?老板一副『我懂!我懂!』的表情,要我們坐下別擔心,這個城市以盛產西瓜聞名,吃法是將西瓜搭配白起士一起吃,一甜一鹹咸,簡直是絕配,老板為我們做了水果及起士拼盤,超完美。傍晚在街上遇到一個叫阿里的詭異人,他說自己是記者,還說明天要帶我們出去玩,並邀我們去他家住,我們愈談愈覺得怪異,(之前在書上看到這兒有個詭異分子也叫阿里!),我們決心擺脫他,而且很擔心他會到旅館找我們,所以決定明天換旅館。愈向土東，觀光客愈少，出發之前，朋友一直叮嚀我要萬事小心，因為我們的東方臉孔實在太引人注目了！在 Sivas 時，旅館的工作人員三番兩次來敲門藉口查護照、並說想和我們聊天，還說旅館內有免費送茶水服務，在半夜送來兩杯熱茶（我很警覺地提醒 Linlin 最好別喝，我把茶全倒進洗手台，後來他們一直打電話進來我們房間......），這些旅途中的意外一直提醒我切莫鬆懈！

飲料由這個
水龍頭出來

飲料容器，方形的！

水壺：用來清洗用過的杯子。

鈴噹叮噹噹

甘草汁

meyankökü
(licorice)

這裡是土耳其內陸地帶，愈往南，天氣愈顯乾熱，在 Diyarbakir 舊城內，到處可以見到穿特殊服裝賣飲料的小販，我以為他們賣的是鹹鹹優格飲料，點一杯來喝，但沒想到倒出來的是咖啡色的液體，一群阿公圍著我，跟我說這個飲料有益身體（他做了個一飲而盡，飲料流入腹中，全身舒暢的連續動作，真會演！）我只好當眾『裝堅強』地喝下去，哇！是甘中帶微苦的青草茶，可以消暑氣哩！

49

7月12日(三) Mardin，金色的城市

今天的行程是前往敘利亞、土耳其邊境的 Mardin 以及 Deyrul Zafaran (蕃紅花修道院)

迪亞巴克 Diyarbakir
↓ 1.5hr

馬爾汀 Mardin
↓ 10min

蕃紅花修道院 Deyrul Zafaran

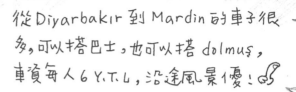

從 Diyarbakir 到 Mardin 的車子很多，可以搭巴士，也可以搭 dolmuş，車資每人6 Y.T.L，沿途風景優！

從 Mardin 到 Deyrul Zafaran 很近，本來我們想用走的，但後來搭了計程車 (來回，加上等候時間，2人共 15 Y.T.L)，呵！好險沒用走的，因為爆多上坡路，太陽毒辣，且半棵樹也沒有！

Mardin (馬爾汀) 號稱「金黃色城市」，以石頭砌成的屋子在陽光下閃閃發亮，十分美麗！山頂上有城堡，城牆綿延，此處非常接近敘利亞邊界，有土耳其士兵在此鎮守，在路上還可以看見坦克　　車呢！

~ in Deyrul Zafaran

ܕܝܪܐ ܕܡܪܝ ܚܢܢܝܐ

THE DEYRULZAFARAN MONASTERY

The Pearl of Mardin

www.deyrulzafaran.org

50

修道院建於西
元五世紀,傳
說在建築過程中,
在灰泥中加進蕃紅花而稱做「蕃
紅花修道院」, Deyrul Zafaran 是
" Satfron (蕃紅花) Monastery (修道院)"
的阿拉伯文,這兒曾是敘利亞的東方正
教教堂中心。在修道院付了每人 2 Y.T.L 的費用後,這
座收容孤兒的寺院會派子孤兒領著客人入內參觀
並用英語導覽,介紹教堂的古老設施,但院內孤
兒的生活空間則以柵欄圍起、避免遭受打擾;

時候,再度弄丟帽子,我竟在最需要的

警:美索不達米亞平原!

還可以從陽
台上遠眺美
索不達米亞平原

院中修士的打扮!

(天哪!是歷史課本裡那個
傳說中的美索不達米亞平原吧!)

可能真的有很多人來這兒參觀吧!修
道院中竟設了高級の紀念品販賣部、
餐廳,有高級抽水馬桶の廁
所(哇!)我還買到此行第一次買到
的明信片(土東很少賣明信片),不過是
那種一套9張的,有的圖片好醜,

51

哈哈哈！最醜的那張寄給彼得！(看到這段別打我!)
Mardin (馬爾汀) 是一個非常小巧可愛的小鎮，依山而
建，道路曲折蜿蜒，連當地的 Bazaar (市集) 的不見
天街道也彎彎曲曲，有時上升，有時下降，像是搭著緩
慢の升降梯似地漫步其中，賣生活日用品的商店隱
身在街道兩側一個個小小的洞裡，十分可愛，這裡の
市集十分 local，看不到太多賣給觀光客的紀念品，隨
處可見的是和庶民生活息息相關的蔬果店、香料店、
馬鞍店、麵包店......等，市集裡叫賣聲此起彼落，
我在曲折的巷道裡探險，從架子上所陳列的商品，
一一拼湊出當地居民的
生活形貌。當地人馱載
貨物的交通工具是可♡的
小驢子，把小驢子打扮
得花俏咧！叮叮噹噹地！
(好希望我也可以有一隻!)

MARDIN ~GOLDEN CITY~

→ 小馬盧子身上都會背這種大袋子,用來裝東西,好讚!

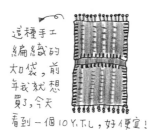

這種手工編織的大口袋,前年我就想買了,今天看到一個10YTL,好便宜!

驢子用品店賣的小袋子,我前年買過(5YTL,Linlin買)

→ 如果買一個這個袋子,可以拿回家掛在椅背上,可以在裡面放東西!(天哪!我真是聰明!)

市集裡的小馬盧子身上都背著色彩鮮豔的驢袋,這種驢袋是以手工將好幾塊編織的彩色布縫製組合而成,十分堅固耐用。這裡還有天然手工香皂店,這種天然皂很溫和,可以從頭洗到腳!我們還看到巨無霸香皂,

Zeytin (olive) 橄欖香皂 0.5YTL

Bitim (哈呀?查不到) 0.5YTL

badem (almond) 杏仁的喔! 0.5YTL

天哪!這塊橄欖香皂磚塊,應該是我的臉的五倍大!

這個阿佰用力敲杏仁的硬殼,取出一顆顆的杏仁,準備榨油做杏仁香皂。

馬喬傲!

哇!好棒的香皂!

哇!

哇!

哇!

哇!天下第一皂!

哇!如果買一塊回台灣,可以切成一塊塊,分贈親朋友(好朋友就切給他大塊一點,至於討厭的壞人,那就只能分到切的時候掉下來的屑屑!哈!好壞喔!)

53

在 Mardin 市集中，看到一些圖畫、銀器、壁飾等，都以一種半人半蛇的圖騰做裝飾，這個圖騰給人一種鬼魅神祕的感覺，據說是和一個非常古老的傳說有關……。

ŞAHMERAN 的傳說

說故事時間！

在阿拉伯、伊朗和土耳其文學中，有很多和 Şahmeran 有關的故事。在 Mardin 這個地方，在祖父那一輩口中流傳著這樣的故事……，在很久很久以前，有個高官的兒子被朋友帶到沙漠中，朋友們密謀

將他丟入一口井，被丟入井中的年輕人在井壁上看到一個洞，他嘗試著把洞挖得更深，發現這個洞竟是通往另一個大房間。

年輕人在大房間裡不知不覺地睡著了，當他醒來時，發現自己被許多蛇環繞著，接著，半人半蛇的 Şahmeran 出現了，Şahmeran 是百蛇之王，年輕人把自己被朋友陷害的經過告訴 Şahmeran，Şahmeran 答應幫助他逃出井底，但條件是年輕人不可將她的藏身之處告訴其他人，年輕人順利返家，碰巧聽說國王病重的消息，必須吃下 Şahmeran 的肉才能痊癒，國王昭告天下，誰能治好他的病，不但封以高官厚祿，還能娶公主為妻。年輕人背叛了 Şahmeran，他將 Şahmeran 的藏身之處告訴了國王の手下，Şahmeran 因此命喪黃泉；吃了 Şahmeran 的肉之後，國王逐漸恢復了健康……。

☀ (傳說中，Şahmeran 的圖騰會帶來好運及財富。

55

7月13日（四）底格里斯河的回憶與感動

Diyabakir
← 每人 5 Y.T.L
1.5hr, 巴士或小巴

Batman（據說是十分 boring 的城市，無特色，果然如此，我們只在這兒換車！）

1.5~2 Y.T.L
40min
小巴，
或 dolmus

Hasankeyf（今天所至之處）（以後会被水庫淹沒）

● Midyat
（另一處古蹟，但我們沒去！）以後也会被水庫淹沒。）

我的旅遊書在
有關 Hasankeyf 那一頁
這樣描述："......, so a visit to
Hasankef is a must. Now!" 因為
土耳其的 GAP 計畫（Güneydoğu Anadolu
Projesi，也就是 Southeast Anatolia
Project，乃一項水利大工程，正逐

山壁上有許多昔日洞穴居
所遺留下來的鑿擊痕跡，
此地木材稀少，鑿穴
而居真是就地取材，且冬暖夏涼

步實現中，影響
之處，包括 8 個
省份和 2 條大
河（底格里斯
河、幼發拉底
河），據說，
等到這 22 個
大壩及 19 個
水電廠完成

左邊這個圓頂的可愛小東西，上面
可以看見殘餘的可愛天藍色磁
磚，這個名為 Zeynel Bey Türbesi 的
陵墓孤單地站在靠近河邊的平原
一角，是 15 世紀為當地一位官員的兒
子 Zeynel 建造的，當我坐著 dolmus，
一路顛簸著，快接近 Hasankeyf
時，遠遠就看見它，這是我對 Hasankeyf 的第一眼，也
因為這第一眼，我知道，我一定會喜歡 Hasankeyf。

左邊這個是頹圮
的舊橋遺跡，
名為 Eski Köprüsü
圓拱形的橋身可略
見一二，遙想當年。

(河的一側是直立高聳的峭壁，坐在河邊的我們常被突如而來的怪強風嚇死！(Linlin的草帽還被吹進河裡)，但這是可理解的，就像高樓底部常有局部勁風一樣，風沿著峭壁側面行進，風束集中，風力勻風連都增強，當然就會突然風強風囉！)

→(這些餐廳の棚子直接架在河面上)

→上面鋪著樹葉遮太陽

→我們是在這種鋪了地毯和靠墊的鐵床上午餐。這種鐵床是當地民宅必備單品，因為天氣熱，大家都睡外面，屋頂、陽台必有鐵床！

鐵床

民宅(平頭土屋)

↳架木為橋，方便客人從岸邊走過去！

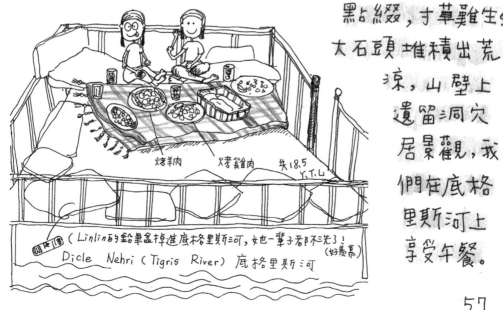

烤羊肉　　烤雞肉　　共18.5

(Linlin的鉛筆盒掉進底格里斯河，她一輩子都不洗了！)(好羨慕)

Dicle Nehri (Tigris River) 底格里斯河

後會為乾旱的東南部帶來農業灌溉的利益，但其中的 Ilisu 壩將淹沒 Batman 到 Midyat 一帶，一切將沉睡水底。

這附近的自然環境十分乾旱，只有河畔幾叢綠樹點綴，寸草難生の大石頭堆積出荒涼，山壁上遺留洞穴居景觀，我們在底格里斯河上享受午餐。

基本上，山頂上的城堡已經引不起我的任何興趣，如果登高望遠可以寬闊胸襟，好吧！就讓山頂上的城堡去寬闊別人的胸襟，我只想當一枚站在山腳的懶蟲，因為我的腳很痠，而且老實說，我對啥古城遺跡，看不出所以然的一堆石頭實在無法發揮想像力（歷史知識薄弱的笨蛋peiyu！），反而我對清真寺的裝飾圖紋比較有興趣，在很多地方的清真寺，都有看到牆面上簡潔流暢的書法曲線，聚散分明，有一種強烈的音樂感，在大的清真寺裡有太多的東西搶走我的視線，但今日，來到這個小清真寺，樸素的外觀只有幾處簡單的裝飾。除了由小而大，無限延伸，環環相扣的幾何圖紋之外，還有筆劃線條筆直、稜角清晰的阿拉伯文字，很像中國的金石文，很有裝飾趣味，這種被稱為『庫菲體』的阿拉伯文字常被發揮運用在牆面裝飾。阿拉伯文字圖紋化所產生的藝術字體種類繁多，書法藝術最早是源自可蘭經的手抄本，書法家的地位崇高，他們創造出各種優美字體，（就像中國書法藝術有不同字體！），記得在Tokat，我用毛筆寫書法送給Hakan和他妹妹，他們說阿拉伯文字也有書法藝術，我的書藝不佳，只能騙騙外國人，希望未來可以認識更多書藝之美。

58

上面，也就是喚拜樓最頂，有笨鳥在此做可愛的巢！這笨鳥每天聽可蘭經，應該已經信仰伊斯蘭教吧？

清真寺喚拜樓的阿拉伯文字裝飾圖紋。

木頭！

及倒好！

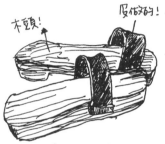

在清真寺入口看到的好看木頭老拖鞋，我也不知道我為何要畫它？

Hasankeyf 最最可愛的應該是建於1409年的 El-Rizk Cami，很樸素的 style，女生和男生の祈禱室分開，我們進入側邊的女生祈禱室午休，這個清真寺的喚拜樓裝飾著簡單的阿拉伯文字及几何圖形。

並不想爬上城堡的 peiyu ←

土耳其應該有一千萬個城堡吧！我一點也不想爬上去！（懶蟲!）

59

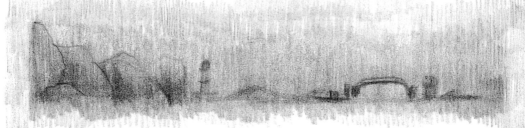

站在這些歷史痕跡的面前，好難以想像，如果淹沒了，就再也看不到那座矗立河畔的可愛陵墓、也不能坐在底格里斯河上愜意地午餐、牧童趕著牛羊到河邊喝水的景象也不復存在。也許建水壩真的可以穩定用水來源，讓生活更加有安全感，可是，這樣的作法，究竟是『增加』？還是『失去』？ 在 Sivas 上網收信時，一個朋友 mail 告訴我說暑假要去西藏，趁著青藏鐵路通車，把拉薩變成『大市集』之前，要趕快去西藏，我回想地理課本上提到的青藏鐵路、三峽大壩、埃及的亞斯文高壩……等，用一種霸氣的姿態去扭轉乾坤，聰明算盡，向世界誇耀成就，往往想不到自然反撲的力量在悄悄醞釀中，ex：水位提高造成生態浩劫、氣候乾濕驟變以致疾病叢生、河口漁產減少……等，更別提那些沉埋在水底的歷史人文之美，我不知道這些以為人定勝天的成就到底是多數人的福祉，還是滿足了少數人的私利？

再回想台灣，我不懂我們究竟需要多少高速公路？去宜蘭，不就應當是九彎十八拐，賞盡山色，在坪林喝口茶，買包醃李子，群巒之後，柳暗花明又一村，但現在，灰泥隧道穿過了山，速度馳騁，你看到的是灰色的風景，擔憂著這隧道真是長又長，好不容易重見天日，迎接你的是「時空收斂」之後帶來的湊熱鬧人潮車潮，那些巨大的招牌看板好像列隊歡迎你，向你的荷包招手。我不敢再想像蘇花高速公路建了之後會怎樣？如果，來不及欣賞山海之美，究竟，我們要速度做什麼？

唉～不想這些不快樂的事情了，我只想走到河的那邊，去看牛羊懶洋洋地躲在樹下乘涼，這兒黃沙滾滾太陽毒辣，偶爾有一棵大樹，就像張開一把綠色的大傘，牛羊就躲在大樹下，以樹蔭的半徑畫圓，十分可愛，咦～剛剛才瞄到的牛羊怎麼不見了？遠方陵墓旁邊有東西在動，

該不會是吃草吃到那邊了吧？對馬廬子，牛羊有無比狂熱的我興致勃勃地要走過去，但 Linlin 一直叫我別去，因為太陽非常毒辣，而且她說她根本沒有看到那邊有牛羊，她懷疑我想牛羊想瘋了，所以看到 海市蜃樓 ，哼！被嘲笑了，不管，我一定要追到羊，我不聽忠告地在一條完全沒有任何樹的荒野小路上行走，腳還被野草刺到，好不容易走到陵墓的那一邊，我揉揉眼睛，真的沒有半隻羊啦！只好回頭，Linlin 站在遠方樹下的身影，竟然只是個小黑點，我懷疑自己在抵達那裡之前，應該會被太陽晒昏到溶化掉吧！我又弄丟帽子，真是悲慘到不行，我拖著腳步，像一根枯萎的草.....，路旁的小屋（簡陋的小土屋）閃出一個女孩的身影，朝我走來，手上拿著一大瓶水和玻璃杯，不會又是 海市蜃樓 吧？但這一切都是真實的，那瓶水是超級冰、超級冰那種，這個女孩是庫德族人。她比手畫腳地表示剛剛在屋旁晾衣服，看到我在大太陽

我感覺在太陽底下的我，像根溶化的冰棒。

天降甘霖！

猛灌！

庫德族女孩

下遠遠走來，我們語言不通，無法做太多溝通，但我可以從她微笑的眼神中讀出她的善良與樂於和人分享，我咕嚕嚕灌下一大口、一大口冰水，嘿～再大的太陽我也不怕了，我向她說了聲：『sparse！』（庫德族語：謝謝！），她揮揮手給我一個再見的微笑，我永遠都會記得這朵藏在頭巾下的微笑。

■ 庫德族分布區　●油田　┈┈油管

我對庫德族的認識是來自大學聯考指定考科的地理試題，庫德族是中東地區僅次於阿拉伯人、土耳其人、波斯人的第四大種族，但他們沒有自己的國家，分布在6國邊境（土耳其、敘利亞、伊朗、伊拉克、亞美尼亞、亞塞拜然，他們在崇山峻嶺間流徙，無法獨立成國，他們欲爭取獨立但命運悲慘，成為種族屠殺之下的犧牲品，六國不願讓庫德族獨立建國，其中伊拉克以生化武器殺害庫德族的殘暴引起國際悲憤，進而干預，只因庫德族人的家鄉就在伊拉克北方的重要石油產區，伊拉克以武力一次次鎮壓，庫德族人以血腥報復回報，如此苦難，永無止境，而手無寸鐵的老弱婦孺流離失所，難民的哀歌何時盡？

我在光點電影院看過一部伊朗電影：『烏龜也會飛』，這部電影就是以伊拉克前海珊政權鎮壓庫德族人的悲慘遭遇為背景，戰亂遺留下無數孤兒，有的因挖掘地雷換取微薄收入而導致傷殘、或者慘遭士兵虐待強暴，看這部電影，會讓人有一種站在絕望邊緣的沉重無力感，原來電影裡那顆關起門的心，是為了掩蓋驚泣的傷痕，片名讓我百思不解，好奇怪的名字呀！原來～，導演也是庫德族人，片中的小孩把烏龜放入水中，小小的烏龜擺動四肢，奮力囚泳，沉重的殼啊！就像是與生俱來的歷史宿命，好諷刺的片名啊！因為烏龜根本不會飛，馱著這個民族的不幸，那重重的殼讓它飛不起來，難道取這樣的片名，悲情裡也摻著一絲期待，期待那不可預知的未來裡，可以學會飛翔......。

我想起diyarbakir地毯店裡，老闆說：『我只賣庫德族地毯，土耳其地毯滾蛋！』，我所接觸的土耳其人、庫德族人大部分都是和平良善的，面對這無解的歷史難題，只能留給時間去解決了。

7月14日 (五) 千里尋貓記

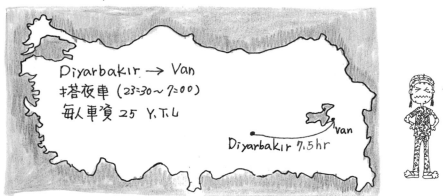

Diyarbakır → Van
搭夜車 (23:30～7:00)
每人車資 25 Y.T.L

Diyarbakır 7.5hr
Van

晶晶成鹽了,真噁!
汗黏在身上,已經結
晶,我覺得我昨天流的

昨天去完 Hasankeyf 之後,從 Diyarbakır 搭夜車前往
Van,超噁的,因為白天流了滿身汗,沒洗澡,又搭夜
車,真恐怖,只好趕快找旅館,把自己洗乾淨。

Peiyu的土耳其地名教學

聰明

Van 通常是被翻譯成『凡』城,但其實應該
翻譯成『萬』城較適切,因為在土語發音中,
V 應該是發成像英文中 W (就是鳥)的音才對。

HOTEL ASLAN
" Van'daki Eviniz "

Tel:0.432 216 24 69
Özel İdare İş
Merkezi Karşısı VAN

双人房(無衛浴)一間 20 Y.T.L (在圓環附近.交通爆方便)
双人房(有浴室,無廁所,這是啥怪設計?)一間 25 Y.T.L

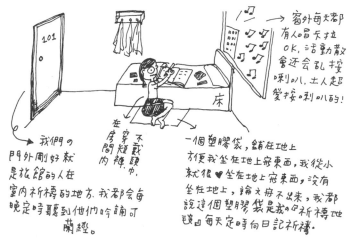

101

→ 窗外每天都
有人唱卡拉
OK,活動散
會還會亂接
喇叭,土人超
愛接喇叭的!

床

在
房
間
穿
短
褲
不
戴
頭
巾

→ 我們の
門外剛好就
是旅館的人在
室內祈禱的地方.我都會每
晚定時聽到他們吟誦可
蘭經。

一個塑膠袋,鋪在地上
方便我坐在地上寫東西,我從小
就很♥坐在地上寫東西,沒有
坐在地上,論文寫不出來,我都
說這個塑膠袋是我的祈禱地
毯,每天定時向日記祈禱。

65

洗完澡之後，原
本想補個眠，但
旅館打電話進
來說如果我們
打算出門閒逛，

最好中午12:30以前出去，因為今天是星期五～清真寺
大禮拜的日子，全旅館的人都要去清真寺，所以他們
打算把旅館鎖起來。對穆斯林而言，星期四下午
開始，到星期五結束，就是他們的週末假期，街上
人群忙碌穿梭，我們看到很多人向 Hz. ömer 清真寺
的方向移動，清真寺裡應該已經擠不下了吧！我看到
很多人在清真寺外的空地上席地而坐，然後，跟著清
真寺擴音器傳出的聲音進行祈禱儀式……；然而，
街上很不尋常，警察拿著盾牌在一旁戒備，坦克車也在
一旁待命，警察拉起封鎖線，要我們保持距離，我
謹遵朋友的提醒，不敢多問政治問題，只好盡快
離開現場。

我在村上春樹的『雨天炎天』這本書
上看到，聽說凡城有一種特別
的貓，全身雪白，一隻眼睛黃色，另
　一隻眼睛藍色，凡貓漸々稀

好想偷帶凡貓回家！

Van
Cat

會被
抓去關！

66

少，瀕臨絕種，所以被土耳其政府視為國寶，不可任意出口或帶出境，養凡貓的人家都把凡貓關起來，所以在凡城，是很難看到凡貓踪影的，只能看到凡貓の相片，但我真的很想看凡貓，不過，絕不可在路上跟人家問說：「凡貓！凡貓！我要看凡貓！」，結果可能會很可怕，因為路人甲乙丙丁可能會亂指路給你去看混凝土做的恐怖凡貓周像，整個 Orz 到不行！會令你終生難忘。

我們到當地的 Tourist information center 和工作人員哈拉，那兒有許多印刷精美的小冊子，工作人員說當地大學的獸醫系有培育凡貓の中心，我們要了地址，就興沖沖地前往。

這是天上掉下來的凡貓嗎？

大驚嚇！orz

Van cat statue

1. 前往 Beş Yol（Beş是5的意思，Beş Yol 就是五條路交會的圓環）
2. 找到掛著 kampüs 的 dolmuş（共乘計程車），每人 1.3 Y.T.L，跟司机說你要去 üniversite（大學之意）的 kedi Evi（kedi是Cat，Evi為House），跟他吵說要看 Van Kedi（Van cat）就對了！

凡貓攻略

67

其實只要找到司機之後，学貓叫幾聲，司機就懂了！我們運氣很好，司機一看到我們兩個是外國人，立刻就說：『Van Cat？』，我們點頭如搗蒜，興奮地上了車，可是車子離開市区愈來愈遠，我們懷疑自己會被載去賣掉，終於～，司機先生在一片荒涼的

鳥地方叫我們下車！天哪！這個大学荒涼到一種極致，警衛先生遙指遠方の一棟建築物（事實上那只是一個黑黑點！），說那就是『傳說中的凡貓培育中心』，於是我們兩個悲慘的笨蛋又在正午毒辣太陽下展開健行終於，在被曬

凡湖

Van kedi Evi

在那遙遠的地方

警衛室

Van kedi？

God！又要健行了！

死之前到達了那棟建築物，然而看到大門深鎖，我的心整個碎了！但好險屋旁有鐵製柵欄，就是凡貓活動的地点，牠們在那兒晒太陽！

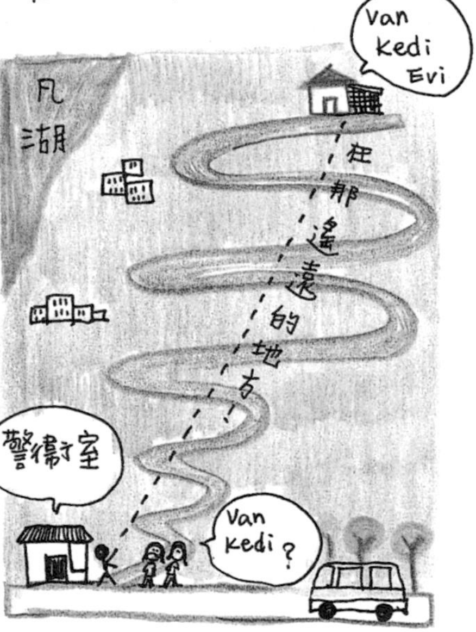

凡貓遊憩区

咦？大門深鎖

心碎！

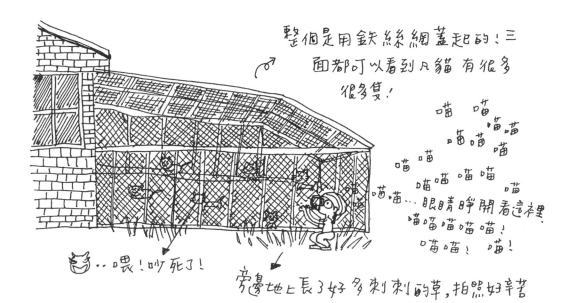

整個是用鐵絲網蓋起的！三面都可以看到凡貓 有很多很多隻！

喵 喵
喵喵喵
喵 喵 喵喵 喵
喵 喵
喵喵 喵喵
喵 喵…眼睛睜開看這裡,
喵喵喵喵喵!
喵喵! 喵!

〈…喂！吵死了！

旁邊地上長了好多刺刺的草,拍照好辛苦

唯有近距離拍攝凡貓才可以拍到牠那一藍一黃的、與眾不同的眼睛,我拼命學貓叫,想把懶洋洋的凡貓吸引到鐵絲網旁邊,好拍個清楚,簡直是搏命演出,因為我差不多叫了幾百聲吧！簡直『喵』到快腦充血了,我想那裡頭的凡貓,一定覺得我這隻假貓煩死了,Linlin還說我已經 喵 到要長出鬍鬚了！回程時,去了凡城博物館,但很可惜它正在整修不過看到他們把古物隨意放在門口の草地上,真懷疑土耳其的古物是不是太多？

相機

喵!

楔形文字

古雕像

石碑

69

7月15日（六） Akdamar 小島野餐

VAN LAKE　　　　○ VAN

🏠 Akdamar Island

其實，凡湖應該稱為
『凡海』才對，它的形成
原因和火山的岩漿堰
塞作用有關，面積3713
Km²，這個內陸湖泊的
湖水呈高度鹼性，因
為內陸氣候乾燥，在
強烈的蒸發作用之下，
湖水的鹽份含量特別
高，據說，如果在凡湖
游泳，滿容易漂浮，而且
如同肥皂似的湖水可以把衣服
洗得很乾淨。

很大。

Mt. Nemrut
2935 m

四岩漿噴之力吧！
跟我助你一臂之力吧！

Van Lake

哇！我形成了

小島交通攻略

Van城市中心 —每人3 Y.T.L 40 min→ 渡船頭 —每人4.5 Y.T.L 10 min→ Akdamar小島

難得一見！
一堆！泳裝秀！
難得一

我帶了泳衣，但到
了Akdamar小島卻不敢下水
游泳，因為這兒是保守的土
東，我壓根兒沒看見有女生穿
泳衣下水游泳，為了避免成

為島上の大紅人，我覺得我還是不要輕舉妄動比較妥當。

Akdamar島遠遠看起來光禿禿的，有點無趣，但這裡是當地人很喜歡野餐的地方，島上的一座教堂非常有看頭，這座聖十字教堂建於西元10世紀，以深淺不同的石塊建成，屬亞美尼亞式，有可愛的圓錐形屋頂，教堂的平面呈十字形，近看時，可以看到外牆雕刻著聖經故事，許多看起來樸拙可愛的人物、動物造型(ex:鳥、羊)，還有精細的植物(ex:葡萄)，浮雕應是屬於斧鑿不深的淺浮雕，可是，在陽光的照射之下，顯凹凸有致，我站著為它進

雖然，很可惜地，教堂正無法進入，(好可惜無教堂內部的壁畫，好牆爬進去喔！不能被抓去關！)是我所見過最美教堂了！

得線條分明，行速寫，在整修，法一窺想翻過可這麗的

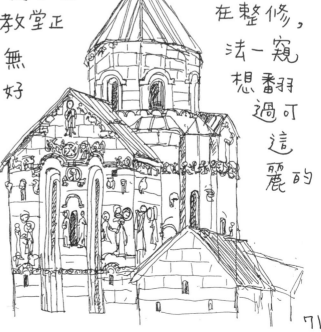

小島上有教堂！

韓國李男子和庫德大叔手拉手，看起來像認識好久！
還手拉手！
24歲

到島上郊遊的土耳其人，帶著成堆的食物，我和Linlin只帶了兩瓶水，然而，我們並沒有餓肚子，在船上時，有個熱情土媽媽塞給我一大把葵花子，我們邊走邊嗑，在島上教堂前畫畫，又碰見一個韓國男生和一個庫德大叔，他們和我們分享美味的水果、起士和麵包，聽著他們倆呱呱呱呱熱烈交談，我還以為韓國男生會說土文，但仔細一聽，一個講土文、一個講韓文，簡直是『全民亂講』，韓國男生用英文向我解釋，儘管聽不懂對方的語言，但也別急著打斷對方，因為音調、節奏、手勢、表情，其實可以傳遞感覺。別太拘泥在語言及文字本身；韓國男生前陣子剛進伊朗晃了一下，給了我一些訊息，我一直擔憂著要進伊朗還是敘利亞？因為我的土簽月底到期，但我擔憂伊朗簽辦不下來，韓國男生的話讓我猶如吃了定心丸，(唉！手上這本台灣護照讓我辦簽證猶如買樂透)，只是朋友傳來簡訊：『以色列轟炸黎巴嫩，因黎巴嫩殺害以色列軍人，若以色列不停止轟炸，伊朗和敘利亞揚言要向以色列開戰，如果伊朗開戰，那麼土東的庫德族區也會受到影響......』，朋友要我

72

注意安全，若中東情勢有變化，就不要進伊朗，儘快返回伊斯坦堡再做打算......；旅館的人也向我解釋，因為以色列轟炸黎巴嫩，土耳其官方擔心引發土東庫德族區的動亂，所以會特別注意集會活動的秩序，所以街上到處都是鎮暴警察和坦克車，韓國男生說他從 Doğbayazıt 到 Van 城途中，一路上被臨檢5次（好奇怪，因為網友說軍人和警察只查庫德族人，不查外國人），所以坐車時要把護照放在垂手可得之處，以便查驗；另外，我一直期待也許可以去 Hakkari（小說：『最後的授課』之場景所在），韓國男生勸我打消念頭，因為昨天那裡才剛被丟了炸彈，別拿自己的命開玩笑......。

舉棋不定之際，我想明天去 kars 好了，因為我不想錯過看 Ani 古城的機會，等看完 Ani 古城，再火速趕往 Trabzon 和 Fish 會合（好怕耽擱了，她在 Trabzon 機場哭！）從 Van 去 kars 得轉車，恐怕會耗上一整天，儘管計畫永遠趕不上變化，但我們決定看著辦了！

73

peron (plateform，月台)

bilet (ticket)

Hareket Saati : 11°°
Hareket Tarihi : 16.09.2006
Koltuk No. 11, 12
Fiati KDV Dahil : 40 Y.T.L

Ağri

誤是送外國人的
紀念品啦！
送你一個！

槍

Linlin 超擔心她
內衣放在很外面

日本人
の行李！

中國人
的行李！

韓國人
的行李！

泰國
人啦！

烏龍 1：原本 11点發車的
巴士，竟然讓我們等了
一個多小時，我很擔心
來不及到 Ağri 去接上
15:00 到 Kars 的車。

一路风景優美，在車內
的我們，不斷地發出
讚嘆聲，旁邊的土人不
知我們在鬼吼鬼叫啥。
不过土人愛用髮油、古龍
水，在密閉車廂會被薰死.

烏龍 2：一路上遇到
很多次臨檢，除了檢查
證件之外，還要求我們
把上鎖的行李打開，
警盤查我們的行
李時，引起全車人高度關
切 (他們沒見過東方人
的行李裝什么？)，一直
圍觀討論，好害羞。

74

隨車服務生來問：『茶？咖啡？芬達？可樂？』，我等喝可樂等好久了，立刻回答：『Cola』，他發給我二空飲的杯子，等了一下，服務生拿來芬達作勢要倒給我，我說『Cola?』，服務生說：『No cola!』，我的期待落空了，竟然震驚地，不可置信地大喊：『No Cola!』，激烈の反應，引起全車矚目！又糗了。(服務生被我嚇到，趕快去找來可樂!)

坐在隔壁的土耳其痞子男（土痞男必需梳油頭，眼神裝深情，手裡隨時拿手機!），從等車就一直想搭訕，等警察臨檢時還故意假裝看窗外，把手放在我的座椅上，哼！敢碰我試試看，我要說我是『Jacky Chen』，我會功夫，給你一個飛踢！(土人只認得成龍!，但我只是Peiyu Chang)

烏龍3

原本在一個烏站叫我們下車，但才發現我們是要去Aǧri，到了Aǧri，停在市郊路邊，我們下車拿行李，司機和服務人員愈想愈不對，去Aǧri做什麼？我說要轉車去kars，他說沒車，要到下一站Horasan才有車去Kars，但我聽不懂，也不敢相信，司機只好叫我們別動，立即從Aǧri叫來懂英文的人，才發現原來是巴士站的人賣錯票了，好恐怖喔！只好上車繼續坐……。

本來以為3點可以到轉車点Aǧri，但一直到6点，我們都還在往Horasan的車上，而我們只有早上有吃一餐，還好有帶了一塊昨晚買的，但昨晚吃不下的大麥麵餅，本來還嫌它礙手礙腳，沒想到成了求救命仙丹！

76

6:30 pm

巴士在 Horasa 的馬路停下來了，服務人員幫我們把行李搬下車，指示我們巴士站方向，我們死命拖行李到巴士站買票，但一路走去，我感覺這是一個非常混亂、龍蛇雜處的地方，不知為什麼，我覺得那一雙雙盯著我們的眼神非常邪惡，我趕緊買了票，希望快點離開，7點開往 Kars 的車快來吧！

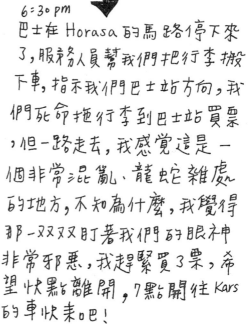

7:30，車子仍然沒來。

烏龍事4

原來，根本已經沒有到 Kars 的巴士了，但巴士公司竟敢賣票給我們，他們叫我們去坐一輛廂型車（我懷疑我們被轉賣了！），我遲疑著，但另一位庫德族青年和夫妻也要到 Kars，示意要我們上車，從剛才等車時，我一直觀察他們，直覺他們是好人，就上車了。但可惡的廂型

5 Y.T.L.
×2人

三溫差大，穿起風衣外套

Nike 喔！

我把放錢的小包包，掛在前胸，塞進外套裡！

褲子裡又藏了另一個暗袋

🕗 8:00pm **Horasan**

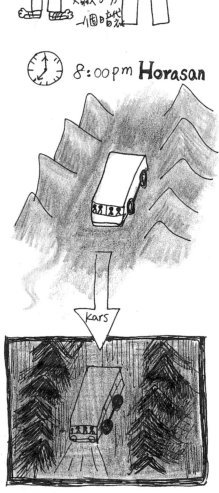

kars

車司機要我再付 10 Y.T.L，我看庫德族青年沒反應，我乖乖掏錢付了（天快黑了，我只想快點到 Kars），後來庫德族青年也付了錢，那對夫妻沒付，那個太太轉頭對我表示他們沒錢，那個先生作個手勢要我馬上把錢包藏好！

⬇

車子向 Kars 的方向疾駛，沿途的山峽谷風光好美，比花蓮太魯閣更美，我看得目不暇給，事實上，我早就聽說從 Erzurum ⟶ Horasan ⟶ Kars 這一段路沿途風景十分壯麗，我很幸運地可以欣賞到其中一段，看過了這大山之美，就覺得天地壯闊，悠悠無疆。

⬇

天色愈來愈暗了，但司機仍未減速，而且荒山野嶺，實在不妙，司机和他朋友共三人坐在前座……，我只希望快點到 Kars。

語言不通,車子又黑,只好用手電筒照亮

土英字典聊咬

型男(尖叫～)

留長髮

超庫男!

Fuat!

真的是帥哥一枚

又是好人!

背帥酷單用包,我一直想買這種包包!

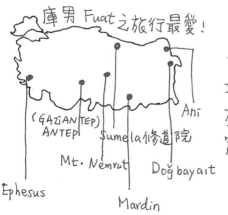

庫男 Fuat 之旅行最愛!

(GAZIANTEP) ANTEP

Sumela修道院

Ani

Mt. Nemrut

Doğbayait

Ephesus

Mardin

終於,坐在我前面的年輕人開口了,他表示他是住在 Kars 的庫德族人,名叫 Fuat,他說 10點就可以到 Kars,並表示要我們和他一起,屆時可以共乘計程車進市中心,並問我們旅館訂了嗎?他用手机聯絡朋友查詢旅館,又問我們吃过晚飯沒?食我不餓?

在 Horasan 等車時,Fuat 始終沈默地翻閱手上的雜誌,我很少看到土人在閱讀(我比較常看到他们喝茶閒聊!),我當時就猜他是知識分子,果然沒錯,他是哲学老師,在 Van 教書,但家人都在 Kars。他酷愛旅行,特愛歷史感重的古蹟。剛巧他喜♡的地方我都去過,他交代我,在進伊朗蓋章之前,一定要遊 Doğubayazit,絶不会後悔!他也对於我們大老遠跑来看 Ani 古城表示讚佩。

還好我有付錢，我不能想像我們2個在黑暗中健行的樣子！只有月光陪伴！

action！

哈哈！哈！哈哈！哈哈！哈哈！哈！哈哈！哈哈哈！

完全不知道自己在高興什麼。

烏龍5：當遠方隱約閃爍著 Kars 的燈火時，車上的那對夫妻突然不曉得在和司机說啥，很像是在爭論車資，我猜是因為他們沒有付那另外的每人 5 Y.T.L 的錢。後來，車竟然就停在黑暗的路边，這对夫妻下車，司机和他朋友也下車，然後，從車窗外傳來的爭論聲愈來愈大，激烈地，甚至扭打起來，庫男 Fuat 一直用手勢要我們安心，別恒！後來他忍不住下車察看，一場混亂之後，司机上車了，他朋友、庫男也上車了，司机迅速把車開走，只有那对夫妻沒上車，真是令人傻眼的一幕，直到庫男搞笑地說了一句"action"，我才開始哈哈大笑。基本上，今天实在太烏龍了，我和 Linlin 已經看破了，只好一直苦中作樂……。

晚上10點，終於平安抵達 Kars（司機一路狂飆，害我不是擔心他把我們丟在荒郊野外，就是他飆太快，車子掉到河裡！），還好有庫男 Fuat 的仗義相陪，陪我們在深夜的街道拖著行李找旅館，直到我們安頓下來，他又請旅館人員幫忙翻譯，說他已經請旅館老闆幫忙我們解決明天要搭計程車去 Ani 古城的問題……

（真是細心又善良….），之後，與我們告別，他才踏上回家的路，如果今天沒有他，我們可能會在暗夜裡孤立無援，Fuat，謝謝你伸出援手。

今晚因為累爆了，已經折騰了一天，所以住進一間中級旅館好好休息，而且我的旅遊書也建議女生在此地最好住好一点的旅館，避免 "好像沒見過女人的男人" 探頭探腦。（双人房附早叟，有衛浴，一間 45 Y.T.L，乾淨舒適，有安全感！）

81

7月17日 (一) Ani 古土城

　　費了千辛萬苦，只為了這曾經車馬喧騰、盛繁一時的
Ani 古土城。

Ani古城攻略
包車：2人共65Y.T.L <u>kars ——1hr——→ Ani</u>，可停留3hr

　　從 kars 坐車到 Ani 的途中，是一望無際的原野風情，
山丘緩緩起伏，農人在田裡收乾草，偶爾有馬車載
著乾草路過，乾草滿得看不見車身，遠看會讓人錯
以為是乾草自己在走路，我們乘坐的廂型車偶爾必
須停下來讓牛羊『借過』，沿途有幾個分散的小村
落，好像小盒子似
地掉落在平原的
這一角、那一角，房
子是用土磚砌
成的，人們塑
土為磚，磚頭
整齊地排排
站，晒太陽。窗外
風光旖旎，我
們忍不住唱
起歌來。

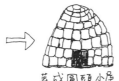
讓太陽晒
乾土磚。

蓋成圓頭小屋，
給牲畜住的。

在 Ani 古土城附
近看到的村落
蓋這種圓頭土屋
和我 2 年前在
Harran 看到的土
屋好像！

馬車後面看起來有
尖尖刺刺的東西，
用來耙乾草。

♂每次看到載
滿乾草的車，
我都以為乾
草自己會走路！

1. Bezirhane (Oil Press)

2. Church of the Redeemer

3. Seljuk Baths

4. Church of St. Gregory (Tigran Honentz)

5. Cathedral (Fethiye Camii)

6. Ruined Bridge

7. Menüçer Cami

8. Church of St. Gregory (Abughamrentz)

9. Kervansaray (Church of the Holy Apostles)

10. Church of St. Gregory (Gagik 1)

---- 代表步行路線
□ 參觀見範圍
□ 不可進入

Arpa Çayi (Ahuryan River)

入口(售票亭) 每人 5 Y.T.L
GATE OF LIONS

禁止進入

ARMENIA
亞美尼亞

正積極進行中的建築工程

Ani 古城的範圍很大,必須準備充足的礦泉水以防中暑,以前是不准拍照的,但現在已經可以帶相機進入了!我們真幸運
這座古城位在古絲路交通線上,東西交流造就了古城在歷史上的榮光,它是10世紀亞美尼亞王朝的首府,中亞、波斯的隊商總在這裡歇腳休息,然而,歷史改朝換代,不同的民族掌握這塊土地,拜占庭、塞爾柱人、喬治亞王國、庫德族人……。最後落入蒙古軍隊的手裡,游牧民族不喜拘束的城市生活,不怎麼在意這個

83

土城市，1319年的地震摧毀了往昔榮光，加上貿易路線轉換，達達的馬蹄聲不再，它靜止了、瓦解了，今日的Ani只是一座死城，只剩下鳥兒啁啾飛翔在斷垣殘壁中。

美麗

棒！

教堂內部的壁畫最有看頭，可惜有些損毀了！

圖案教堂
(church of Gregory)

站在Ani古城中，腳下的Ahuryan河流過，一邊是土耳其，另一邊是亞美尼亞，河上原本有一座橋，但現在只殘存橋墩，Ani是亞美尼亞古都，現在落入土耳其人的手中，亞美尼亞人不甘心，Ahuryan河就像是楚河漢界，互不往來，我站在河邊，向亞美尼亞那邊望過去，對面有一處建築工事正如火如荼地進行著，記得在頌華的 從絲路的盡頭開始 這本書有提到，他們是在建造一個全新的Ani呀！ 好看！ ，那轟隆隆的聲響，在這安靜的荒野中，格外清楚，好像在抗議著什麼。

7月18日(二) Kars 到 Trabzon, 巴士收驚之旅

從 Kars 到 Trabzon, 有兩條
路線可以選擇, 一般人會
選 Kars → Erzurum → Trabzon
這條, 但因為下週我可能
會走這條路去辦伊朗簽證, 我
不想看重複的風景, 加上村上春樹
在書中提到土耳其黑海附近山區,
尤其 Hopa 附近, 森林蓊鬱濃密,
被稱做土耳其的香格里拉, 已經看膩荒漠的我, 實在好
想看香格里拉長什麼樣子? 所以我決定選擇另外一
條路 Kars → Artvin → Trabzon, 哪裡知道竟踏上一趟巴士
收驚之旅, 一開始, 從 Kars 到 Artvin 這段, 根本沒看到
啥香格里拉的鬼影子! 我只看到壯麗 (應該是恐怖!)
的山峽谷地形, 落石追著車子跑, 驢子慢巴士司機在山
間彎道被超車之後, 心情大不悅, 竟然開始和人
比賽超車, 在有如地震過後的『中橫』似的山區, 在

巨石橫臥的山區比賽超車，已經不是『驚心動魄』
四個字可以形容，真想叫司機阿伯別太衝動。

好險在Artvin換車之後，有漸入佳境的跡象，只不
過因為巴士公司之前騙我們說下午四點會到，我沒
有準備乾糧，害我餓到血糖降低，倒在座位上
奄奄一息。

玉米

在黑海附近的
山區，我一直看見這
種高架の木屋，座
民用以儲藏作
物，高架屋可隔
絕地面的濕氣.

P.S. 這種高架屋，我
在新竹尖石鄉司馬
庫斯部落也看過，
幾乎一模一樣，司馬庫
斯的泰雅族以此方
式存放小米。

車子向Hopa的方
向駛去，窗外的
樹愈來愈濃
綠，雨水滴滴
答答地敲打著

RIZE CAY

車窗，霧也起來了，我們的車像是泡在濃
牛奶裡，車子在群山之間奮力爬行，有
時，霧氣散開，可以看見小屋在一片乾
淨的綠色中冒出頭
來，一旁的溪流蜿
蜒著快樂歌唱。

採完了！
一呼～
好重！

黑海沿岸的Rize是土
耳其重要產茶地，其實從Hopa
一帶就可以看見綠油油的茶園，沿途還可以看見製
茶廠高高的煙囪吐著一圈圈的白煙，當地採茶的
方式和台灣有一點點不一樣，這裡的茶樹種得
很緊密，採茶婦女把一塊塑膠布鋪在茶

86

樹叢上面，採了茶就隨手丟在布上，布上的綠色葉子堆得像小山丘一樣！

PEIYU的地理教室

為什麼黑海沿岸山區是茶樹的大本營呢？

因為茶樹喜歡溫濕多霧，雨量均勻，排水良好的丘陵地，土耳其其他地方都太乾燥了，只有黑海沿岸有這樣得天獨厚の條件。

那，為什麼黑海沿岸雨量較多呢？

喔！這個和行星風系 以及 地形有關喔！

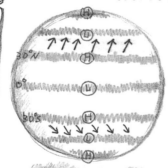

30°N
0°
30°S

由副熱帶沉降的氣流向極區吹動的風，稱為盛行西風，在南北半球中緯區各有一帶，稱為西風帶，只不過受地球自轉偏向力的影響，北半球的風向是偏西南。黑海沿岸受它影響。

西風　黑海
安那托力亞高原

當西風吹過黑海沿岸，受到安那托力亞高原北側山脈的阻擋，水汽沿山坡上升，溫度降低，使水汽凝結成雲 → 就下雨囉！這種降水類型稱為地形雨。

西風

87

那，為什麼之前在土耳其東南部時，那麼乾熱？

基本上，在土耳其_{夏天}，如果你向東或東南方旅行，愈走會愈覺得乾熱，這和地形有很大的關係。

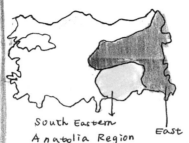 

South Eastern Anatolia Region

East Anatolia Region

本廷山
安那托力亞高原
托魯貝斯山

因為安那托力亞高原是一個盆狀高原（四周被山脈環繞的高原），所以外面的水汽吹不進來，氣候又乾又熱，

所以，到土耳其旅行時，由沿海向東部內陸推進，對夏季の旅行者而言，是一大酷刑。

到底有多熱呢？

嗯～舉幾個實例！

發燙的相机　湯傷！

熱浪威力 **1**

面膜變成面具！

熱浪威力 **2**

腳上留下涼鞋痕跡！

熱浪威力 **3**

講得這麼清楚，老師在講你到底有沒有在聽？

7月19日（三）蘇美拉修道院

反～昨天歷經巴士收驚之旅後，到 Trabzon 市中心時，已經是晚上快10點了，巴士司機竟然把我們兩個放在 Meydan 公園附近下坡路靠 风化區 那一側，街上全是用恐怖貪婪眼神直盯著我們的男人，雖然那兒有一排 Hotel，但我知道最好離那些 Hotel 遠一點，因為在這一地帶，當夜幕低垂時，『Natashas』（娜塔莎）才正要出動呢！

當地女生多戴頭巾，全身包得密不透风，而娜塔莎很容易跟當地女性形成強烈對比。

什麼是『Natashas』（娜塔莎）呢？在蘇聯解骨豐之後，許多前蘇聯の國家の人，ex: 喬治亞，亞美尼亞等，會設法穿越邊界來這兒討生活，那些濃妝豔抹的妓女是此背景下的產物，土人稱她們為『娜塔莎』，一個在前蘇聯國家常見的名字。

路旁一間餐廳的阿公老闆雖不懂英文，但一直打手勢要我千萬要小心，別隨便去住旁邊那排色情 Hotel，後來一位略懂英文的服務生不放心我們在深夜暗巷中找旅館，於是帶著我們往上坡路去找旅館，我的表情一直惶恐不安，但他很堅定地告訴我：『不要怕，你可以相信我！』，我直覺地相信他和那個阿公老闆應該是好人，而且相信在這兒開店的人，比相信路人甲來得安全。

89

之前朋友在我的旅遊書中標出幾個比較安全、是背包客聚集的旅館，好旅館總是搶手，它們都客滿了，不過旅館之間是會互通消息的，旅館老闆為我們介紹了其他適合女生住的旅館。

HOTEL CAN
" Evinizin sıcaklığı ve huzuru "

Oda içi Tv, Banyo, Tuvalet,
Kaloriferli, 24 saat sıcak su

Tel.: .0462-326 82 81
İskenderpaşa Mah. Güzelhisar Cad.
No:2 TRABZON

雙人房，附早餐，有衛浴，一人 15 Y.T.L，老闆人超好，熱茶可無限暢飲，離 Meydan 公園近，交通方便，去机場、otog、sumela修道院 or 其他景点的交通工具都近在呎呎房間是溫馨粉紅色，暴乾淨（我好怕我把它弄髒！），有溫馨小廚房及客廳，背包客可在此交流！

我很喜歡這間讓人有安全感的旅館，老闆很用心地接待每一位客人，做事誠懇與用心是可以被感覺出來的，如果沒有把心放在裡面，就算做到了表面，也不會讓人感動。

我們今天只想當懶惰蟲，於是參加了 informantion center 介紹的 Sümela（蘇美拉）修道院行程。

蘇美拉修道院攻略

懶人不動腦 Tour 行程

方式：由 Information center 安排參加 EYCE TOUR 旅行社行程，每人 15 Y.T.L

內容：10:00 出發，車程≒1hr，11:00 到 Sümela修道院 11:00~2:00 自由活動，2:00 上車回程，3:00 解散

為了讓修士靜心清修，修道院多選擇設在偏僻荒涼、渺無人煙之地，這座 Sümela 修道院也不例外，它蘿

立在300公尺高的懸崖上，有種孤絕的感覺，山嵐環繞，透露出虛無縹渺的氣氛。

這是兩位希臘僧侶被聖人托夢指示，到 Trabzon 附近蓋一座修道院獻給聖母瑪莉亞，於是他們不遠千里而來，在懸崖峭壁上蓋了這座修道院，1923年土耳其和希臘簽署和約交換兩國人民，僧侶返回希臘，後來又發生了無名大火，使得跨越十幾世紀的珍貴建築和濕壁畫遭受破壞。

這裡的壁畫真的可以感動人心，教士將畢生的時間奉獻給上帝，用生命完成榮光耀上帝的壁畫，每一筆都是用虔誠的信仰在刻畫，用來畫壁畫的顏料是用礦物或植物提煉出來的，顏色很

91

純粹沉著，非常耐看，我站在修道院裡，多希望自己可以將每一幅感動的畫面深印在腦海，畫畫是需要誠意的，誠意在畫面上是可以被欣賞者感受出來的，我期許自己要努力往這個方向去做，如果有一天，開始覺得畫的東西很熟練、很輕易，那就是失去誠意的時候。

有件讓人覺得十分痛心的事情，那就是有些壁畫被人用刀片或筆刻畫塗抹，被蓄

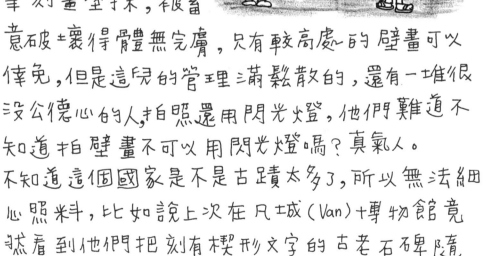

意破壞得體無完膚，只有較高處的壁畫可以倖免，但是這兒的管理滿鬆散的，還有一堆很沒公德心的人，拍照還用閃光燈，他們難道不知道拍壁畫不可以用閃光燈嗎？真氣人。

不知道這個國家是不是古蹟太多了，所以無法細心照料，比如說上次在凡城(Van)十博物館竟然看到他們把刻有楔形文字的古老石碑隨意放在入口附近的草地上，接受風吹日曬雨

淋，完全未加任何保護措施。

7月20日 (四) Uzungöl 湖畔悠遊

今天晚上必須去機場接 Fish，所以我們決定別去太遠的地方，只敢安排『輕行程』，去簡單的定點就好，我昨天在 information center 看見一個山中湖泊 Uzungöl，似乎滿美的，據說深受土人喜愛，然而我不想參加旅行社的 Tour 行程，一方面是想省錢，一方面是不想受到行動及時間上的限制；於是我們搭上了前往 Uzungöl 的

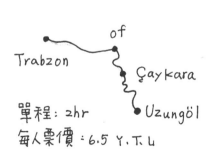

Trabzon

of

Çaykara

Uzungöl

單程：2hr
每人票價：6.5 Y.T.L

otobüs (巴士)，塞滿人的巴士在山路上顛簸著前進，果然有很多土人要去那裡野餐，我和 LinLin 也想學土人去 picnic，但我們常常嘴上說說，卻忘記買食物，結果不是在路邊啃玉米，不然就是有土人不忍見到我們兩手空空而請我們吃東西，土人的善良真是讓人感動。

土人賣玉米很環保，不用紙包也不用塑膠袋，而是用玉米的葉子包著！我在土耳其買的第一支玉米就是這樣！

93

抵達湖邊時，真是失望透頂，因為我們下車的那一側，充斥著俗氣的旅館（天哪！自己以為是童話小木屋嗎？），真是一場視覺災難，害我一抵達就立刻想離開，那麼，到底旅遊手冊和海報上那些騙人的照片是在哪裡拍的？我們嘗試著爬上湖邊山坡上的小小聚落，原來，從高處俯瞰，才是最美麗的風景，這就是所謂距離的美感吧！遠遠看過去，那些俗氣旅館的橘色屋頂，竟也不那麼討厭了，反而把君羊山的綠點綴得活潑起來。

山上的聚落仍過著簡單的生活，到處都晒著乾草，我看到好幾位年邁的老婆婆背著巨

到處都是木屋，房子外側的木條是用來晒乾草的

大的乾草在走路，那團乾草是她身體的好幾倍，遠遠看我還以為乾草自己在走路，這麼多的乾草是給誰吃的呀？我裝著「哞哞聲」問阿婆：是牛要吃的嗎？阿婆笑嘻嘻地猛點頭。

晚上八點多，應該要在 Trabzon 機場接到 fish 的……。
這是英勇 Fish 第一次出國，她是一個大笨蛋，所以向來
天不怕地不怕（這也是我最怕的！），她是臨時決
定要加入這次的旅程，由我代訂機票、代辦簽證、
代籌畫行程，暑假是旺季，為了幫她省機票錢。她
的機票轉機轉得亂七八糟，好怕她會把自己弄
丟，我另外又列印了 peiyu 叮嚀小手則給她，因為我
超擔心純真的她會在機場好心幫人帶東西，然

→被抓去關
（即使被關起
來還是很黑！）
xx 國監獄

後因為被栽贓運毒而被抓去關
！這樣我以後可能必須在端午節
時提肉粽去國外的監獄看她，

實在是太麻煩了！所以我一定要提醒她。

歡迎台灣笨
蛋金牌 Fish
到土耳其！

（笨蛋銀牌：Linlin）
（笨蛋銅牌：Peiyu）

為了歡迎她，我還特地去向賣
旋轉烤肉的大叔要了一張包捲
餅的白紙，寫下歡迎詞，準備給
她一個驚喜，（哈哈哈～也許送

給她一塊大麵餅掛在脖子上當花圈
也不錯），然而，儘管我一直催眠我自己
，要對她有信心，但……☹今晚，我並沒
有在機場順利接到她，特地為她準

備的櫻桃也在剛才被我全部吃光光。

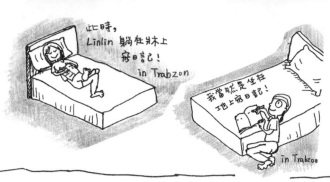

此時, Linlin 躺在牀上寫日記! in Trabzon

我當然是坐在地上寫日記! in Trabzon

Starbucks

Fish在伊斯坦堡寫日記

這整件烏龍過程,我想只有那幾簡訊可以說明一切→ 今晚,Fish在伊斯坦堡星巴克寫日記(奇怪,人還沒有在土耳其展開大旅行,就有那麼多事可以寫?)而我在Trabzon旅館狂笑著在日記上寫她的土裏話。

時間(台灣時間)	簡訊 Fish	Peiyu 心中OS
2006.07.19 12:19	在搭國光號了	不是18:25的飛机嗎???
2006.07.19 13:42	在桃園机場了. 厄! 我要等五個小時.好像不必那麽早出門。	崇扣牙!你太早了,但是還是早点比較安全.
2006.07.19 23:55	成功通過 新加坡海關了!	嗯!挺机靈的!
2006.07.20 00:15	其实剛剛排了很久居然不知道是排到歡迎回家那一排,又重排,还自己想說新加坡人真親切,原來不是歡迎我呀!	💢,我幫你安排轉机時間4小時說你出錯是对的!
2006.07.20 13:41	我在BAHRAIN等去伊斯坦堡.	看來一切挺順的喔!
2006.07.20 20:34	趕快準備花圈迎接囉!聰明机靈的我已經在國内机場check in好了!就等上飛机.	哇!以後不能嘲笑你是李質了!真替妳驕傲。
2006.07.20 23:04	悲劇發生,我沒注意到登机門跟机票上的不一樣.錯过了.下一班是凌晨4点25分,你6点半來接我!	(此時我正在去机場接她的路上)….悲劇終於發生了!💢希望明早更的可以接到她。
2006.07.21 00:25	果然是不能驕懶老天爺還是对我不錯,沒說我出太大的差錯.我要滿足了.果然是極生悲啊!本素覺得自己超強敌。	😠,真是樂觀的人,從出發開始到現在的時間,應該可以繞地球一圈,再飛回台灣了!😵

96

7月21日 (五) 接機大烏龍

土耳其時間,清晨5:50分,鬧鐘響起,我揉揉眼睛,準備起牀搭車去機場接 Fish,但是卻再度在我的手機裡看到烏龍簡訊,原來她又再度錯過早班的飛機……,從昨晚到現在,這一切烏龍真是讓我 orz 到不行,我決定從今天之後要對她『嚴加看管』。我突然想起,像她這樣一再改航班,行李很容易掉,於是趕緊傳簡訊要她去櫃台盯一下行李。

時間(台灣時間) (我的手机仍是台灣時間,時差比土耳其快5小時)	簡訊 Fish	peiyu 心中 OS
2006.07.21 09:41 (土:04:41)	悲劇再度發生,我不知道要拿他給我的紙先 Check in,去的時候太晚,無法進入,現在要坐下一班,七点,你九點十分來接我。	難道他們都沒对你解釋那長紙的用處嗎?
2006.07.21 09:45 (土:04:45)	…我現在已經很熟悉所有流程了,以後可以所向無敵,我們今天一定會見到面的,該搞的迷糊都搞完了。	希望是,不然,还會有什麼問題…(突然想到掉行李這种恐怖的事!)
2006.07.21 11:15 (土:06:15)	這一次萬無一失了,我就站在登机門前面。	問題是有站对門嗎?
2006.07.21 11:19 (土:06:19)	我昨天比較感覺像晴天霹靂,今天只有感覺像閃電輕輕劃過,老天爺可能覺得我要多學點事情,所以多出這些小插曲。	對啊!我也有閃電輕輕劃過的感覺…我被劃過很多次…。

(我要Fish去查詢一下她的行李是否跟上班机,我也快變問訊王)

| 2006.07.21
11:30(土:6:30) | 行李在 Trabzon. | 啥~行李竟然比你還早到?不要再搞飛机了,再弄下去是要演"航站情緣"是不是? |
| 2006.07.21
14:10(土:9:10) | 我已經到了,在出口 | 終於到了! |

97

果然不出我所料，行李真的掉了，我在機場大門等嘸人，土耳其機場近來機場管制嚴格，我只好把身上的物品全交給 Linlin，然後通過 X 光檢查，進入航廈辦公室，終於找到 fish 了，她忙碌得像隻團團轉的蜜蜂，我們只好在辦公室等待裡面的服務人員幫我們處理＋協尋行李。

我問 Fish：『我不是有叫你要準備行李吊牌，寫上姓名資料，你有準備吧？』，只見她信心飽滿地大聲回答：『有啊！我有準備呀！』，然後，立即從隨身包包中拿出她精心製作的行李吊牌，驕傲地展示：『在這裡！』，我當場傻眼，天啊！

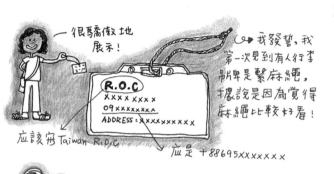

— 很驕傲地展示！

我發誓，我第一次見到有人行李吊牌是繫麻繩，據說是因為覺得麻繩比較好看！

R.O.C
XXXX XXXX
09XXXXXXXX
ADDRESS：XXXXXXXXX

應該寫 Taiwan R.O.C

應是 +88695XXXXXX

完全不知這張吊牌有啥用？且又沒掛在行李上。非常無言。

投降！　我徹底被打敗了！

行李吊牌不是應該吊在行李上嗎？放在身上做什麼？(再一次 orz)，經過整個早上的翻天覆地，行李還是下落不明，工作人員說可能還在伊斯坦堡，要我們別擔心（我看 Fish 沒有很擔心！），他們要我們先去逛逛，晚上八點再過來看看。

ÜCRET TARİFESİ		
Cinsi (種類)	GRAMAJ (重量:公克)	FİYAT (價格)
EKMEK (麵包)	350 Gr.	50 YKR (分)
EKMEK	700 Gr.	1.00 YTL
EKMEK	1050 Gr.	1.50 YTL
EKMEK	1800 Gr.	2.50 YTL

Trabzon 讓我印象最深刻的，
應該是麵包吧！從在這裡吃
的第一口麵包開始，我就深深地愛上了，
從前年的土西之旅到今年的土東之旅，我發
誓這裡的麵包是可以在土耳其得冠軍的，
而且是隨便在任何餐廳、小店……等，都可以
吃到極美味的麵包，用手指在麵包上按
凹一個痕跡，非常神奇地，它會迅速回復，

是我的臉的好幾倍大！

可見得麵包本身是非常有彈性的，將麵包送入口中，
口感QQ的，而且質地有點濕潤，不會覺得很乾，咀
嚼的同時，還會散發濃々麥香呢！記得曾在村上
春樹的小說中讀到：『…拉茲族（Laz）善於製麵包』
，而事實上這支族群正是居住在黑海沿岸 Trabzon 到 Rize
之間的山谷，或許這是此地生產美味麵包的原因吧！
麵包是土耳其人的主食，堪稱物美價廉，350克重的，只
要台幣10元左右，不過我從來沒有在短時間內吃這
麼多麵包，Linlin 說她已經把她一整年麵包額度吃光了。

22 Y.T.L

Trabzon的市集是非常非常吸引人的，我們每天都跑來逛一次，巷道曲折，商品琳瑯滿目，感覺就比之前去過的土東地區來得富裕許

10 Y.T.L
└ 這件稍短！

多，果然是黑海沿岸的大港市呀！因為下星期進伊朗時必須尊重當地風俗～戴頭巾，穿長上衣，所以我和Fish在市集裡買了質料透氣的長上衣，我買淺粉紅色的，不過伊朗女生好像都是穿低調灰暗的顏色，我的粉紅色會不會太高調了？可是我喜歡粉紅色，不管。晚上又再去機場找Fish的行李（我覺得這幾天跟打牆似地一直去機場，可以領熟客券了吧！），八點多時，一個職員提著Fish的大背包進入辦公室，我們高興得從椅子上跳起來，所有的職員爆發熱烈掌聲，興奮得好像是他們自己找到自己的背包一樣，這就是土耳其人，他們會因為讓他們的客人高興而高興，Fish說老天總是照顧她，只不過昨晚老天不小心睡著罷了。

失而復得的背包！

一種軟的棒狀甜食，內含乾果，不錯吃，不會太太甜。Köme

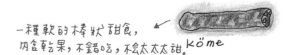

100

7月22日 (六) 移動日

今天是離開 Trabzon
溫馨小旅館的
日子，我們決定送
老闆一個禮物，

同時也希望台灣同胞在這個城
市裡可以多一項住宿選擇，於是 Linlin 和 Fish 推派我
做代表，寫一張中文的推薦旅館留言，讓老闆可以
貼在門口的玻璃窗內，老闆收到這個留言時很
開心，還一起拍照做紀念，Linlin 說
我是狗腿魚，專門討人歡心。
今天其實就是等車、搭車而已，還看
到警察圍住一個街頭『量體重』的
小孩，我以為警察是在取締那個
小孩，但沒想到警察竟是在量體重，

無聊的我也跟著去量體重，檢查一下是否因吃過多麵
包而發胖？ 無聊的等車時間，我只好一直畫街頭小販。

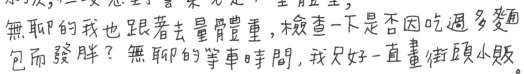

街頭兒童的行業有很多種，我通常不太敢向小孩子買東西，因為很怕他們成群結隊地跑過來，難以脫身，因為覺得 No 這個字太尖銳，所以我總是盡可能地說 sorry，有些小孩很可愛，會讓人心疼為什麼這樣年紀的小孩不是在家裡玩玩具？而是在街頭賣東西……，有的小孩在街頭討生活，沾染了不好的習氣，會過來戲弄騷擾我們，不過坐在一旁喝茶的阿公們，眼觀四面、耳聽八方，總會出手相救，所以我們看到

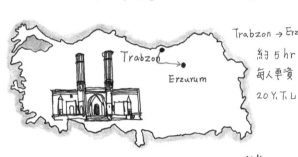

Trabzon → Erzurum
約 5 hr
每人車資
20 Y.T.L

街頭阿公必打招呼，以不輪轉土語討阿公歡心。

今天，經過一下午舟車勞頓，終於抵達了 Erzurum，我一定是疲倦到頭昏眼花，根本沒仔細看，就住進一間舊旅館中最『雨光』的房間，到了晚上，更覺得它簡直跟『鬼屋』沒什麼兩樣，我實在非常佩服自己的吃苦耐勞以及苦中作樂的背包精神。

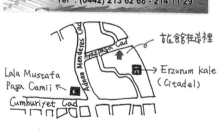

旅館在這裡
Lala Mustafa Paşa Camii
Cumhuriyet Cad
Adnan Menderes Cad
Ayaz Paşa Cad
→ Erzurum kale (Citadel)

雙人房 (附衛浴) 一間 30 Y.T.L
3 人房 (附衛浴) 一間 45 Y.T.L

吊燈復古,但只有一個燈泡会亮!

這個燈沒燈泡

浴室天花板嚴重剝落

窗戶玻璃有裂縫

不知放兩台電視做啥?下面那台是壞掉的,可能是只想拿桌面墊高電視

TV
TV

門把壞掉

桌面玻璃還會位移!

窗簾是壞掉的!只能遮½!

有電暖氣,但不確定可不可以用!

手動式沖水

寶特瓶助救濟

馬桶不能沖水,但不知為何會漏水,聽了3天水聲入眠唯一沒聽見的那半天是因為"停水"

其實，我真的是一個吃苦耐勞的人，出來旅行的時候，我常常住 dormitory 那種和別人共住的大房間，也不排斥使用公用的衛浴，但是這一次來土東發現，當地女性通常會和家人一起出門，若是投宿旅館，一定會有男性作伴，儘管如此，旅館裡仍然很少見到女性的踪影，為了避免進出房門次數太頻繁而引來異樣眼光和麻煩，所以我們盡量選擇附有衛浴的房間，好險我們都還算『阿信』，可以在這間鬼屋房間裡甘之如飴，晚上打開吊燈的超昏黃燈光，燈光投射在吊燈成串狀的垂墜裝飾上，整個房間就布滿奇形怪狀的影子，好像在上演皮影戲，但我實在懶得移動我那箱笨行李換房間，只好將就著幻想這裡是燈光美氣氛佳的夜總會。

這間旅館在每一層樓設了標示為 "MESCID" (small mosque) 的祈禱室，方便旅客在祈禱時間時入內祈禱，我之前也看過，有人一到祈禱時間就會取出祈禱地毯，直接在商店、車站…等地の地板上進行祈禱。

綠色是伊斯蘭最神聖的顏色

標示著 "KIBLE" 即是麥加方向

這裡是土耳其海拔最高的城市，冬天非常冷，電暖器是必備單品。

（平均：1853m海拔高度）

祈禱地毯，很容易辨別，因為上面會有聖龕的圖片 ⌂ → 這種形狀！

7月23日(日) 無所事事,整天亂晃

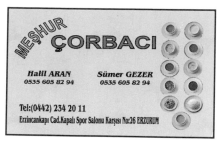

好喝的名湯店

我們都深深地愛上了喝湯當早餐的方式,尤其土耳其湯的樣式好多,有些湯裡

Kesme

會加上米或麵條,很像台灣的稀粥或湯麵,用麵包沾著湯汁,不會覺得太乾,我最喜歡的是一種叫做 Kesme 的湯,湯裡加了麵條和無數香料,這間湯店在 Erzurum 應該很有名吧!總是人山人海。

havaalanı

很多人都告訴我 Erzurum 是一個非常 boring 的地方,是一個乏善可陳的大城市,來這兒的背包客,目的通常只為了辦理伊朗簽證,其實在土耳其的伊斯坦堡和安卡拉也可以辦伊朗簽證,但據說曠日費時,背包客之間口耳相傳,說在 Erzurum 的伊朗領事館辦簽證是最容易的,但此處領事館五、日休息,所以我們必須呆等一天;另外,我們也要在這個城市和 Linlin 說再見,她要飛回伊斯坦堡,再回台灣,剩下的旅程就是我和 Fish 結伴同行了,她說萬一我們做蠢事被抓去關時,記者訪問她的講稿,她會先準備好!

105

逛王清真寺旁的小攤攤

Takke
去過麥加朝聖的人才可戴的小帽

一根奇怪的木頭，竟然是用來當牙刷！
要先把一頭弄散開！

在市場逛王街和羊拍照！

市場の檸檬攤攤
LIMON

9:00AM
Tavuksuyu (雞蓉粥)
breakfast

12点清真寺

10点逛傳統市場

9點去吃早夏

晚上去寫回日記

因為在Erzurum並沒有排啥行程，所以我們所有的時間都花在路上亂逛、和小販哈拉、和阿公喝茶，並到清真寺打瞌睡！"沒有安排的安排"其實就是最好的安排"，我們上舊城堡亂逛，竟然遇上了年度大事——摔角比賽，整個舊城牆內擠得水洩不通，到處是賣食物的小販和看比賽的人潮，放眼望過去全是男人，我個子不夠高，根本被擋住看不見，有個阿伯吆喝一聲，大家就自動讓出一條通道，讓我看清楚一點；而Fish則是被另一個好心阿伯帶到很高的看台上卡位，視野絕佳！倍受禮遇。

106

to İstanbul

Goodbye! Linlin!

policeman
警察竟坐在城牆上看比賽

下午6点
Linlin
道別
賽比 掉 看点2
角

逛亂区士城舊在
人看上街做
餅做薄

咚咚咚
ERZURUM BÜYÜKŞEHİR BELEDİYESİ
MEYDANLARDAN OLİMPİYATLARA...
SPORDA DA BÜYÜYEN ERZURUM

舊城区的煙囱
种類好
多!

在做薄餅!

Lavaş Ekmek

107

7月24日 (一) 辦伊朗簽證

台灣並沒有伊朗辦
事處,對台灣人而言,
可以選擇到香港,泰
國曼谷,馬來西亞吉隆
坡或杜拜…辦理,
(東京現已不接受台灣
人郵寄辦理伊朗簽證!)

三個等簽証的人
in 伊朗領事館

這兒有一個小窗口,
裡面的人會探出
頭來和你講話,
很像可愛的土撥鼠

但是,如果郵寄去香港辦理,還得先向
伊朗旅行社求助申請核准文號 (費用
為1000~1500元台幣),然後再把護照、文件
及簽證費收據寄往香港,不但曠日費時,
而且費用也不便宜,為了土簽只有一個月,會面臨到期的
問題,我一直陷入天人交戰,辦張申根簽證去希臘
?飛一趟尚塞浦路斯?或者乾脆去敘利亞弄個15天落地
簽?既然伊朗這麼麻煩去,那何不試著在 Erzurum
辦伊朗簽證試試看?不過,為了保險起見,我還
是先傳真一封信到 Erzurum 伊朗領事館詢問相關問
題,對方很快就回覆,表示一切沒問題,(我有表明
自己是台灣人),儘管如此,今天到伊朗領事館,我仍然有些不安。

Dear Sir/Madam,

I am a Geography teacher in Taiwan R.O.C and am interested in the beautiful culture of your country, Iran. Therefore, I would like to travel to Turkey and then visit Iran during my coming summer vacation this year. Can I request your kind assistance in obtaining the tourist visa to Iran? I have some question as follows, about the visa to Iran, please help me:

(1) Can I get the tourist visa from the Consulate of the Islamic Republic of Iran in Erzurum, Turkey? Or should I go to the Embassy in Ankara to apply the visa?

(2) Do I need any authorization letter from the Ministry of Foreign Affairs in Tehran, through a travel agency in Iran?

(3) How many days will it take for the visa to be issued?

(4) How much do I have to pay for the tourist visa fee? Are there any other commissions/ taxes/charges other than the visa fee?

(5) The last question is about the photograph to be attached on the application form. Do I need to use a photograph of myself wearing the herjab (headscarf)?

I hope that my above question are clear to you, and I will greatly appreciate your kind attention and time to reply me. I look forward to your replies. Thank you very much.

CHANG PEI-YU (MISS)
TAIWAN R.O.C.
e-mail: xxxxxxxxxx @xxxx.xxx

By the way, I am sending this fax to you through a fax shop, as I do not have any fax machine. Please contact and reply me via my e-mail. Thank you very much.

kheyli Mamnum.
三謝謝您語：非常感謝!

給伊朗大使館的信

打電話 or 傳真到 Erzurum 伊朗領事館
台灣國際冠字碼 + 土耳其國碼 + 當地區碼 + 電話字碼
002 + 90 + 442 + 3161182 (FAX)
3159983 (TEL)

109

伊朗簽證攻略

準備物品：護照，相片1張（不必包頭巾）
費用：84 歐元（好貴）
交通：伊朗領事館的土文是這樣寫的
[Iran Konsolos]，搭乘掛著 [yenişehi] 的
dolmus 可以到。

很多土人對於我們要去伊朗這件事，非常不以為然，『那種地方，有什麼好玩的？』，連旅館的人也勸阻我們：『伊朗那種地方，怎麼比得上土耳其？』，但我都只是笑笑，也不做任何辯解，對我而言，引起我興趣的地方，也許只是源自某個人、某張圖片、或者只是某段文字，每個人觀看世界的角度不同，我不會隨便因為別人的話而改變主意，嗯！你又不是我，你怎麼會知道我會覺得無聊呢？對我而言，哪怕只是坐在路邊的小店喝一杯茶，讀一本小書，我就可以構築起自己的一個自得其樂的小小世界。

辦伊朗簽證的過程比想像中來得順利，我們搞不清楚要上哪

喂！我這裡有2個乘客要去伊朗領事館

好啊！我停車，你

叫他們快點上車！

輛車？但有個阿伯很仁慈，幫我們和某巴士司機咕嚕了幾句，巴士司機表示一切包在他身上，後來

在某個路口紅綠燈，他把頭伸出車窗，和另一輛巴士司機打聲招呼，隨即打開車門要我們換車，一路上就這樣不斷地有貴人相助……，領事館的職員也沒啥刁難，拿了我們現場填的表格後，要我們到銀行匯款，門口警衛也十分和善，幫我們當街攔車，要公車司機載我們去銀行門口，在銀行等候時，再度碰見一樣要辦伊朗簽證的一位新疆維吾爾族姑娘，她的朋友會講土文，從領事館到銀行，她與朋友都一直關心且協助我們，漂亮的維吾爾族姑娘在此地做頭巾生意，她的土耳其簽證即將在今日到期，所以她在今天天黑之前必須火速風塵僕僕車到 Doğubayazit，再出關前往伊朗，然後再回土耳其，真可憐～完成一切該辦的事項，領事館職員說：「11點多再來」真訝異！我聽其他背包客說必須隔天才能拿到簽證，難道我們今天就可以拿到？

不過，沒吃早餐的我已經餓到血糖降低，頭昏眼花，這附近沒有餐廳，警衛帶我們去一間網咖，請老闆做土耳其 Toast 給我們吃！

我快餓死了！

土耳其 Toast 好好吃，是用麵包來臘腸，然後像義大利"帕尼尼"那樣壓平、烤得香香的，讚讚讚！

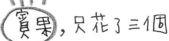

實果，只花了三個小時（9:00～12:00）就順利拿到伊朗簽證，那位維吾爾族姑娘也拿到了，準備趕往邊境的她，親了親我們，叮嚀我們萬事小心，又提醒我們一定要記得去買頭巾、注意服裝……，最好是從頭到腳包得密不透風才安全。

離開領事館後，我們前往五顏六色的頭巾店選購，以

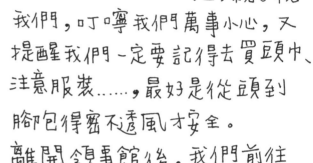

前我一直很好奇為什麼此地的女生使用光滑漂亮的絲質頭巾，頭巾總

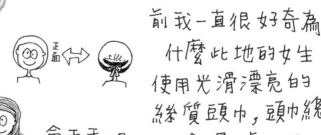

會乖乖服貼、不會滑掉，呵～原來這裡面有個玄機！

當地的女生會先把一種看起來很像浴帽的小帽子包住整個頭，頭髮才不會亂跑，然後才纏繞上美麗的頭巾，這種看起來很像浴帽的小帽子有各種顏色，可以依自己購買的頭巾顏色選擇搭配，堪稱頭巾無敵小法寶。

7月25日 (二) 又是移動日

這是最後一次在土耳其境
內搭巴士,記錄一下
車掌先生 (通常帥氣)
的工作!

ERZURUM → Doğubeyazıt ≒ 5hr ,費用每人 15 Y.T.L

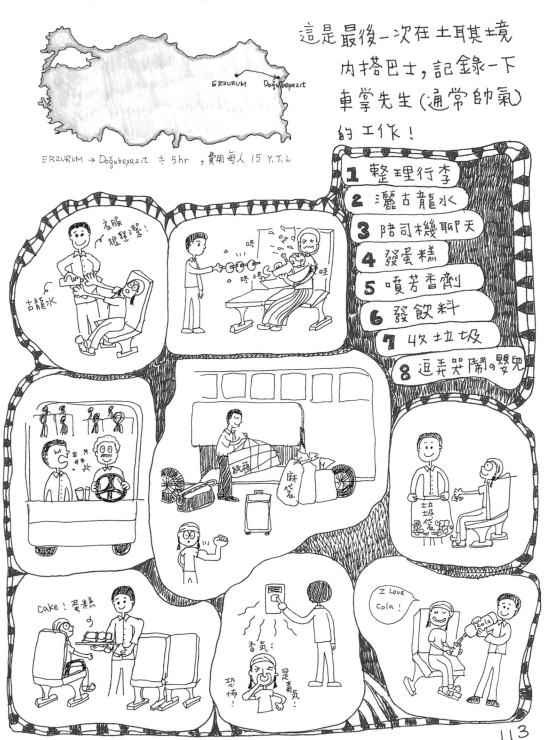

113

即使巴士上的工作是非常繁瑣且忙碌，但帥氣的車掌先生卻始終衣著整齊、面帶微笑（反倒是我和Fish衣著邋遢，活像是路邊撿垃圾的！）。遇到要轉車時，辛苦的車掌先生還得帶著我們兩個文盲，幫我們提行李，把我們『移交』給另一部巴士，請另一部巴士的車掌照顧我們，心真感動。

Tel: +90 472 312 01 95
web: www.oteltahran.com
e-mail: info@oteltahran.com

HOTEL TAHRAN   Hakan İLHAN

Adres:
Büyükağrı Cad. No: 124
Doğubeyazıt - TURKEY

早一點通關，天黑後危險；一次不要換太多錢，伊朗幣值很小，記得多帶一點衛生紙

抵達 Doğubayazıt 之後，我依照朋友給我的地址，迅速前往一間乾淨、適合女生住的旅館，先安頓下來再說！→（双人房，附衛浴，一間20 Y.T.L）

住在 Doğubayazıt 的目的，是為了明早去看此地的一座古老庫德族皇宮，另外，我們要從這裡坐車到邊境的 Gürbulak 關口，通關前往伊朗；櫃台的先生知道我們預計的行程後，給了我們一些提醒和建議，ex:伊朗的幣值、此地已不可兌換伊朗幣，必須到伊朗關口 Bazargan 去換……；朋友對我們即將前往伊朗顯得憂心忡忡，要我立刻去網咖上 msn，他要提醒我一些通關的事情，而且，到了伊朗，他就無法再用簡訊和我保持聯繫了。

7月26日 (三) 庫德族皇宮, 前進伊朗

從 Doğubayazit 可以遙望 Mt. Ararat (阿拉拉山), 它是終年積雪的双峰火山; 我兩年前造訪土耳其時, 嘗過一種叫做 asure 的甜點, 這種甜點是以四十種材料做成的布丁, 據說來源與諾亞方舟當初船上放的種子有關, 這是一個被人熟知的聖經故事, 上帝要諾亞打造方舟, 上面載有諾亞一家人及各種生物 (兩種性別各一), 當洪水襲捲大地, 懲罰貪婪的人類, 只有方舟上的生物可以存活下來, 而 Mt. Ararat (阿拉拉山) 據說就是諾亞方舟登陸之處, 這座山是鄰國亞美尼亞的精神象徵, 亞美尼亞人認為自己是洪水氾濫之後的諾亞後裔, 只不過現在 Ararat 是在土耳其國境內 (看來土耳其和亞美尼亞結的樑子滿大的!); 從我們住的 Doğubayazit 看過去, Mt. Ararat 常被烏雲籠罩而難以一窺其全貌。

擋住了!

好想拍到全貌喔!

Peiyu方舟

我們決定早點起床去等車前往一處—庫德族皇宮— ishak paşa Palace, 以免延誤通關前往伊朗的時間, 天黑比較危險。

庫德族皇宮攻略

可搭 dolmuş（共乘計程車）
最早班：8:00 AM
每人 1 Y.T.L，10~15分可達

因為怕錯過早班車前往 ishak paşa palace，我和Fish
早早就在車站附近的茶屋閒聊，茶屋是由一個年輕小弟負
責管理，他和哥哥請我們吃 simit 麵包，後來乾脆開
始教我們庫德族語，他們很細心地在我的本子上寫
下土文、庫德族語的『双語對照』，兄弟倆人都是謙和
有禮、含蓄內斂的人，這段時間內，不斷地有人進出茶
館，有幾個男人說要請我們吃飯、喝啤酒，但兄弟倆
一直揮手說不行，看得出來他們兄弟倆一直想維護我們
的安全，車子來的時候，他們催促我們上車，並且不斷
揮手：『看完皇宮後，要再回來喝茶喔！』

庫德族語教學：(綠色:庫德族語；紫色:土語)

☀ 不客氣 kurdiş: guşbe
　　　　　 Türkş: Afiyetolsun

☀ 你好嗎? Kurdiş: Çanibaşi
　　　　　 Türkş: Nasılsınız

☀ 很好。 kurdiş: Başim
　　　　　 Türkş: İyiyim

☀ 你的名字是～ Kurdiş: nlavete Çiye
　　　　　　　　 Türkş: Senim Adınne

☀ 很漂亮 kurdiş: Tın Zefrindı
　　　　　 Türkiş: Çok güzel

☀ 我愛你: Kurdiş: Ezte Hezdıkım
　　　　　 Türkiş: Seni Seviyorum

☀ 數字

	Kurdiş	Türkş		Kurdiş	Türkş
1	yek	bir	6	Şeş	altı
2	Düdo	iki	7	heft	yedi
3	sısı	üç	8	Heyişt	sekiz
4	Çar	dört	9	Neh	dokuz
5	penç	beş	10	Deh	on

116

（樂於學習別人的語言及文化，可以更加融入當地，也可以讓當地人感到被尊重及喜愛，在無形中釋放出誠意，即使我沒什麼語言天分，還是要笨笨地學！）

Ishak paşa Palace
這座王宮是1685年由 Çolak Abdi paşa（paşa是土耳其文武大官之稱）開始建造，1784年由他的兒子完成，這座王宮麻雀雖小，五臟俱全，例如：食物儲存間、清真寺、圖書館、浴室（土耳其浴室）、宴會廳、後宮、陵墓等，建築物有好幾層，守衛一直提醒我們在裡面走動要小心，以免掉進洞裡；此地為古代絲路所經，受到各民族融合影響，這座王宮是屬於折衷風格，融合了波斯、塞爾柱土耳其、喬治亞、亞美尼亞等特色，整座宮殿在用色方面相當素樸，最讓人嘆為觀止的是它精緻的雕刻，尤其當陽光照射其上，玩著光影的遊戲，犹如置身神祕天堂，那些花草藤蔓的雕刻題材，很明顯是受鄰近波斯影響。

在沒啥觀光客的時刻來進入最好！

117

很難想像這麼古老的皇宮早已規劃了精密的暖氣及供水系統，守衛先生帶領我們，一一詳細解說，讓我印象深刻的是這裡的圖書館，在圖書館的牆壁上有許多凹槽，據說是用來擺放圖書，最特殊的地方是在圖書館的天花板開了一個圓洞，陽光從那個圓洞照射進來，在地板上形成一塊圓形晶亮的小亮光，在圖書館裡讀書的人，可以根據這個發光小圓的位置，判別太陽的高度位置，就可以知道時間的變化，沒想到古人也一邊讀書一邊計時吧！另外一個有趣的地方是一間廁所，在馬桶上蹲下來，恰巧可以看見自己眼前正對著一大扇窗，視線穿過窗戶，壯闊的風景盡收眼底，呵～王宮的主人真是超級會享受，其實從這些細微處就可以看出建築的用心，一座迷人的建築並非一定得雄偉華麗，細緻內斂的風格反而讓人低迴不已。

學古代王宮主人蹲馬桶，欣賞外面的風景，會不會太享受了一點呀！

回程時，我們又再度回到那間車站旁的小茶館，但我們堅持一定要付錢！（人家是小本經營，我們怎好意思喝免費的茶呢？），在土耳其東部和許多庫德族人接觸，我覺得 "pure" 這個字是最適合用來形容他們了！他們是如此熱情而真切，長久生活在現代城市的我，感覺身上貼著許多符號，在我的日常生活裡，因為這些符號讓我必須在每個時機裡說適當的話、做適當的事，在此看到他們純淨的笑容，真有種心靈被洗滌過的感覺。

每人 3 Y.T.L，約 30min

向茶館的小兄弟說再見，我和 Fish 整裝搭上前往邊境 Gürbulak 的共乘計程車，正式踏上前往伊朗之路。我的內心其實是忐忑不安的，懂得少許土文的我，在土耳其旅行一直都挺順利的，但一進伊朗，面對那如蚯蚓般扭曲的字，我等於立刻變成文盲，想到武功全失的自己必須重新適應新的環境，不禁擔憂了起來，我們兩個的神經最好繃緊一點！

把頭巾包好，仔細包住頭髮、耳朵，涼鞋收起來，換上事先準備的包鞋，再拿出之前購置的長衫，穿戴整齊之後，我回頭再看土耳其一眼：『再見了，土耳其！』，我們要通關了！

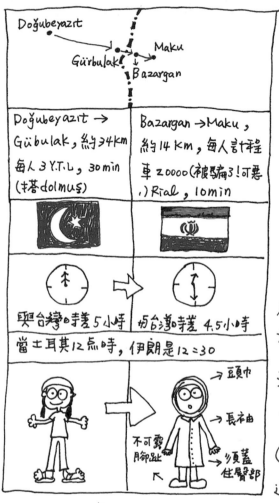

Doğubeyazıt → Gübulak, 約34Km 每人 3 Y.T.L, 30min (搭dolmuş)	Bazargan →Maku, 約14Km, 每人計程車 20000(被騙3!可惡!) Rial, 10min
與台灣時差5小時 當土耳其12点時,	與台灣時差 4.5小時 伊朗是12:30
	→ 頭巾 → 長袖 不可露出腳趾 → 須蓋住臀部

通關時遇到一個澳洲背包大叔(很老了,還出來當背包客,我以後也要這樣!)告訴我伊朗很棒,並給了我附近 Maku 小鎮的住宿資訊,我猶如吃了一顆定心丸,完全沒想到接下來有騙子及危險等著我,越過金載柵欄,進入海關辦公室蓋入境章,警察例行性問話,他問我們接下來要去哪個城市?我誠實地回答 Maku,(因為朋友之前一直提醒我,通關之後別急著趕往4小時車程之遠的 Tabriz,最好是到附近的 Maku 小鎮去休息一晚,先熟悉環境再說,否則萬一天黑了還找不到旅館,十分危險!),警察又再問我訂了旅館嗎?我說今晚預備住 Hatel Laleh(因為朋友推薦我住這間,剛遇見的澳洲背包大叔也建議我住這間!),只見那警察眉頭一皺:「這間 Hotel Laleh 很破舊,去住 Hotel Alvand 比較好,我可以幫妳們訂房間。」我當時有點起疑,但當時

我的護照還在他手中，連入境章都還沒蓋，他是海關的警察，應該不會騙人吧！於是我答應了，警察為我們打電話訂房間，並用波斯文寫下地址，要我屆時交給計程車司機即可；當時海關辦公室外有很多人排隊等待通關，但他卻只顧著處理我們的事，害我非常不好意思！警察還說他家也住 Maku 小鎮，下班後會順道到旅館看我們是否平安到達？我聽了好感動，心想伊朗警察人真好！警察帶我們去辦公室旁的 Tourist information center，給了我們一些旅遊資訊，又帶我們去銀行換錢……，換完錢，從海關的建築物出來。

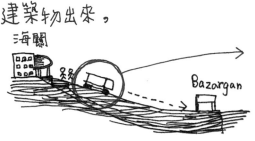

從海關到 Bazargan 是一段不算短的下坡路，但海關附近沒有任何大眾交通工具，所以我們必須先搭 shared pickup，這說穿了就是那種加了棚子、很像載卡多的小貨車，搭一趟只需要 1000 Rials（約台幣 3.5 元），拿這種小貨車載人，好像要載家畜去賣喔！不過，因為當時只有我和 Fish 搭車，所以我們就很開心地把行李丟在後面，然後去坐前座，然而，我們都是好奇心很重的人，就算要我們坐在後面，我想我們也會開心地唱歌吧！

搭 pickup，一下子『咻』地，就到了 Bazargan。

從 Bazargan 到 Maku,是沒有任何公車可搭的,之前朋友就提醒我,別被圍過來的計程車司機嚇到,還有價格一定要談清楚,……,朋友一連串警告的話語快速閃過我的腦海,但是,初到貴寶地,連錢都還不會算的我,還是被騙了!剛上計程車時,司機說是兩人20000 Rials,但後來下車時,他堅持他講的價格是每人20000 Rials,因為行李還在後車廂,我也還在車上,為了安全起見,我只好付錢,唉!以後一定要問清楚寫下來!也因為這件事,開始啟動了我對陌生環境的警戒心!

到了 Hotel Alvand,我覺得這旅館滿舊的,但想想我們只住一晚,再加上一整天折騰下來,已經精疲力竭,所以就住下來吧!但是連剛剛那個計程車司機都勸我們別住 Hotel Alvand,住 Hotel laleh 比較好!這一切都讓我覺得詭異極了!

Maku 是一個很小的小鎮,旁邊有光禿禿的巨大山巖,黃沙滾滾,最熱鬧的街道看起來只有一條,餐廳也很少,飢腸餓餓的我們一看到烤肉店就毫不考慮進去光顧了!

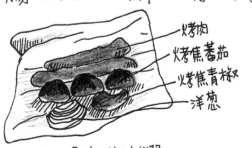

烤肉
烤焦蕃茄
烤焦青椒
洋蔥

12500 Rials (≒41 台幣)

店裡只有烤肉,並沒有第二選擇,我和 Fish 都是愛吃的大胃王,於是各點一份,烤肉送上來的時候,我傻住了,因為那是一塊薄餅皮上鋪陳

不是真的可口可樂,是假可樂,可是包裝很像可口可樂。

著乾巴巴的炙烤肉、烤焦的蕃茄、青椒,外加一個剖半的生洋蔥!與之前在土耳其吃烤肉的豐盛相去甚遠,我偷瞄了隔壁桌的伊朗人,也學起他先刮去焦黑的部分,再將烤肉、蕃茄、青椒分塊,用薄餅捲起來吃,為了不想吃得口乾舌燥,決定點飲料來喝,店裡只有芬達汽水及可樂,我點了可樂、插上吸管,喝了一口,咦?這是啥味道?這不是我記憶中熟悉的可口可樂,仔細看一下瓶身寫著 Aras cola,剎那間,我懂了!因為伊朗政府是極度反美,正牌的可口可樂和芬達只有在極少數的商店有賣,而伊朗人認為美國有的東西,伊朗人自己也有能力製造,所以伊朗人自己也製造可樂,我們在商店裡看到很多牌子的可樂,例如:Zam Zam 可樂,這是伊朗自己生產的可樂,以麥加聖泉──滲滲泉命名。

男生的,有照片　　女生的,以圖代替照片,臉部留白

在街頭巷尾,貼著一些很像佈告的東西,問了人之後,才了解原來這是訃聞,通知親友去世的消息,並註明一些時間、日期,請大家一起到清真寺為過世的人祈禱,不過因伊朗的男女份際清楚,女性不可隨便拋頭露面,所以女性訃聞的臉部都以留白處理。

123

到底是多少錢啊?

連價格都看不懂!嗎!

背景全黑的人生

開心果的英文是pistachio，其實伊朗是世界最大的開心果產地，中文的『開心果』其實是直接翻譯自波斯語，因為波斯語把這種果實稱為『張著嘴笑!』心 呵~真可愛。

我們在街上亂逛，決定買點水果或乾果回旅館，可是，超驚惶荒，因為這裡是使用原始的阿拉伯數字，我感覺自己在伊朗，是處於沒有任何東西(文字、數字看得懂的『文盲』狀態，而且是『全盲』(悲)

這個車牌到底是幾號呀?霧煞煞

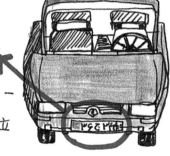

可憐的我只好趕快把這些原始阿拉伯數字植入腦袋!

	發音	原始の	
0	sefr	•	→ 很好記，看起來是一個點
1	yek	١	→ 也很好記，就是"1"嘛!
2	do	٢	→ 看起來像轉3角度的"2"
3	se	٣	→ 上面的2個小勾很像轉3角度的"3"
4	chahar	٤	→ 是反轉的"3"
5	panj	٥	→ 一顆愛心倒過來!
6	shish	٧	→ 是看起來像"7"吧!
7	haft	٧	→ 這兩個我常弄錯，後來就記成 七上八下
8	hasht	٨	→
9	noh	٩	→ 簡單哩!
10	dah	١•	→ 也很簡單，就是"1"和"0"的組合。

好聰明

Peiyu　Fish

外星人來了！
奇怪的頭巾！
好好笑！

因為之前在海關，人家告訴我，像我那樣用在登山用品社買的滾筒式頭巾（也就是被我稱做魔術頭巾的那個！），其實就已經可以了，我信以為真，於是又把之前在土耳其預先購買的當地頭巾收起來，但是當我們走在 Maku 街道，我們覺得自己和整個環境格格不入，甚至覺得自己根本是一個外星人，尤其當地婦女都穿著像黑色帳篷似的 ”chador”（查爾達巾，chador 在波斯語中，其實就有 ”帳篷” 之意），遠看黑影幢幢，但她們走路輕輕巧巧地，感覺就像是飄過去似地！當下我們決定一定要學習包當地的頭巾，因為我們只用魔術頭巾，會露出一截脖子，這樣的「裸露」實在不宜，我們也受不了街上那一雙雙注視的眼睛，很明顯感覺到，伊朗人滿酷的，在土其

醬子才是合格的啦！

其時，路人總是瘋狂打招呼，超級熱情，但這裡的人卻只是安靜地注視我們，目光追隨著我們的腳步，我覺得這個民族似乎含蓄內斂得多，而且面部的表情很多都讓人讀不出意思，實在是沒有表情的表情啊！

至於原先那個警察呢？那個在海關碰到的熱心警察，當我們坐在烤肉店狼吞虎嚥之際，他竟然出現了，並表示會在旅館等我們，給我們一些當地資訊，我們吃飽之後閒晃回去旅館，在旅館大廳與他閒談，但隨著他所帶到的問題，我心中的謎團愈來愈大，因為婚姻問題、對同性戀的看法....等，在伊斯蘭國度裡，是不宜隨便談論的，加上他一邊高談闊論，故意誇張手勢，假裝無意間碰到我的手，並表示大廳人來人往，不方便聊天，應該去房間聊比較自在！我只好說台灣是傳統保守的國家，不可隨便讓人進房間，我一直努力把台灣講得很保守，而他反而一直把伊朗講得好開放（鬼頭啊！）...；這一切讓我起了戒心，假裝外出買水擺脫他，再溜回旅館躲在房間，然而他卻在夜晚來敲房門，嚇死我和Fish兩個笨蛋，旅館的人怎可以讓他上樓呢？所以我們假裝睡了，然後把門窗上鎖，再用

陽台

Rials
↑
双人房60000（台幣210元），洗澡則每人再各加5000-（18NT）

兩件大行李、家具堵在門窗，後來竟還停電了，漆黑的房間裡，我們只好靠手電筒的微光加油打氣，因為門窗緊閉，睡一覺醒來，差點熱衰竭而死！

7月27日〈四〉 初到貴寶地的新鮮感

我結婚了!

昨晚心驚膽跳的經驗,讓我們提高了警覺,我雖不想把每個人都當壞人提防著,但卻也不可對自身安全掉以輕心,我終於明白為何朋友要建議我買個婚戒戴在手上,假裝已婚,我之前沒認真想過這個問題,好吧!有看到戒指我就要趕快買一個,而且,從今天開始,以後別人問我們結婚沒?我們都要大聲宣布:『結婚了!』(這時候就不要管什麼做人要誠實的問題了!)

進伊朗,應該先稍微了解一下伊朗的歷史,碰到一些事情時,才會明白:『原來如此』!

PEIYU的歷史教室

(順便小簡介一下地理概況好了!)

地形:盆狀高原為主的地形→導致水氣難以進入
氣候:大部分地區乾燥少雨,夏熱冬寒
人口:6700萬左右
面積:差不多是台灣的45倍大
民族組成:多元族群(波斯人為主,其餘有阿塞拜疆人,庫德族…等)
語言:Farsi(波斯語)
宗教:伊斯蘭教(91%為什葉派,有土耳其是遜尼派為主,有所不同)
礦產:石油蘊藏量世界第二
歷史:伊朗,原名波斯,古代波斯帝國的疆域由地中海東部伸展到印度邊界,文化輝煌豐富

近代幾個歷史事件:

20世紀初 — 遭英,俄兩大強權瓜分佔領

1921~1924年 — 軍官 Reza khan 領導軍隊驅逐英俄勢力.

1925年 — Reza khan 建立巴勒維王朝,並改國名為「伊朗」,意為「雅利安人的國家」,自此走向親美王朝的西化之路.

1979年 — 現代化,西化改革並未受到社會民眾的支持,甚至出現弊端,引發不滿,有人開始懷念起往日的伊斯蘭精神,1979年,伊斯蘭革命成功,Ayatollah khomeini (何梅尼) 為革命領袖,推翻西化措施,改走宗教政治化路線,實施政教合一,國家反趨保守,社會受嚴格的宗教戒律制約 (ex: 婦女穿戴黑色chador巾)

另,伊朗學生及革命者佔領美國大使館,扣押人質,雙方交惡。

1980年 — 兩伊戰爭,經濟大幅衰退

1987年 — 美國對伊朗實施經濟制裁,至今仍未解除,影響經濟甚鉅。

在我出發前夕,美國還出面干涉伊朗的核子設備,伊朗總統還寫了一封很有智慧的信給美國總統,現任伊朗總統阿瑪尼迪杰是屬於保守派的,讓美國看不太順眼!

也因為一直以來的『美國情結』,讓美國人很難在申請到簽證進入伊朗,只有少數可以團體名義進入伊朗探親和觀光,老實說,如果是我,我也不會喜歡美國那種老大心態的,自以為是世界的正義使者嗎?而且,我們一踏進伊朗看到的經濟蕭條,也和美國的經濟制裁有很大的關係,因為西方的物資進不來,許多設備、用品都很缺乏。

也因為在經濟上與西方世界切斷,所以我們在平時旅行習慣使用的金融卡、信用卡、旅行支票在這裡是行不通的,只能用美元或歐元現金去兌換當地的貨幣 Rial (里爾,簡寫為IR),這實在不太方便,同時

也讓身懷鉅款的觀光客，暴露在被打劫的危險中。

伊朗的貨幣 Rial 幣值非常小，昨天我
和 Fish 各換 100 美金，竟然總共換來
1830000 Rials，也就是 183 張面額 10000
Rial 的鈔票，當場傻眼，難怪朋友
一直叮嚀我不要換太多錢，而且這裡
物價便宜，得用很久才用得完，我
只好從這 183 萬
中先抽出一小部

我有現金快來搶我！
觀光客猶如會走路的金錢包

$ → xxxxxx Rial (里耳)

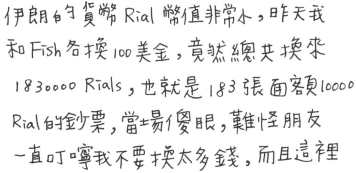
我是百萬富翁
→ 計算机

分放在皮夾，其他的就放進事先準備
的布包中。

⟨匯率⟩：10000 Rials ≒ 35 台幣

伊朗有好幾種面額不同的鈔票，換了錢之後，一定得先把
這些不同鈔票的面額及價值弄清楚才行。

背面
也是何梅尼肖像　這是伊斯蘭革命領袖何梅尼的肖像

10000 Rials，算是大鈔！付
旅館錢，巴士票常用，當地人
暱稱這種鈔票為「何梅尼」，
1 何梅尼 = 10000 Rials.

背面

5000 Rials
(≒18 N.T)

背面
伊斯蘭革命　　　看起來像是聖人陵寢！

2000 Rials
(≒7 N.T)

常用，吃飯，
買水，喝菜.
坐計程車

其他的鈔票還有 1000 Rials, 500 Rials, 100 Rials，其實滿少用到的，上廁所時，通常一人須付 250 Rials，才會考慮掏出小鈔！

非常麻煩的是，要買東西時，當地人有時報價是不

會以 Rial 報價，因為民間通用的是一種稱為 Toman 的單位，Toman 是一種口頭用語，1 Toman 等於 10 Rials，所以在講價錢時，一定要非常謹慎地向對方確認到底是以 Rial、還是以 Toman 計價，否則很容易被坑錢。

要在短時間內弄清楚這些事情真是不容易，我們對錢和數字的學習是從阿公開的茶館開始，原本昨天只是想喝杯茶罷了！順便跟阿公學幾句波斯問候語，但阿公們可能覺得先學好數字、認鈔票比較實際，於是七嘴八舌地教我們，教了之後，還會隨手從口袋抽出幾張鈔票做『隨堂測驗』（哇！阿公教學真認真！）

| 10000 | → 10000 Rials → 直接稱 "Khomeini"（何梅尼）或是 1000 Toman（hezar toman）|

| 5000 | → 5000 Rials（panj hezar Rials）→ 或是 500 Toman（ponsad toman）|

| 2000 | → 2000 Rials（do hezar Rials）→ 或 200 Toman（divist Toman）|

0	·	sefr	16	۱٦	shahardah
1	۱	yek	17	۱۷	hifdah
2	۲	do	18	۱۸	hijdah
3	۳	se	19	۱۹	nuzdah
4	٤	chahar	20	۲·	bist
5	۵	panj	30	۳·	si
6	۶	shish	40	٤·	chehel
7	۷	haft	50	۵·	panjah
8	۸	hasht	60	٦·	shast
9	۹	noh	70	۷·	haftad
10	۱·	dah	80	۸·	hashtad
11	۱۱	yazdah	90	۹·	navad
12	۱۲	davazdah	100	۱··	sad
13	۱۳	sizdah	200	۲··	divist
14	۱٤	chahardah	1000	۱···	hezar
15	۱۵	punzdah			

這些發音搞得我們頭昏腦脹，不過好險另外有個曾經當過老師的烤肉店阿公在很短的時間內教會我們發音及加法、乘法！

例如：

$$2000 = 2 \times 1000 = \underset{2}{do} \quad \underset{1000}{hezar}$$

$$21 = 20 + 1 = \underset{(20)}{bist} \quad \underset{(加)}{o} \quad \underset{(1)}{yek}$$

$$700 = 7 \times 100 = \underset{(7)}{haft} \quad \underset{(100)}{sad}$$

$$710 = 700 + 10 = \underset{(700)}{haft\ sad} \quad \underset{(加)}{o} \quad \underset{(10)}{dah}$$

啊～
啊～
啊～
快爆炸了！

沒想到自己竟然大老遠從台灣跑來這裡學算術，不過，學會這些之後，購物付錢時就可以抬頭挺胸，假裝很『專業』的樣子，好驕傲 ∵ 而且，我們也發現，伊朗人其實不是像外表那樣冷漠，只要主動向他們說 salam（Hello 之意！），何他們問一些問題，混得有點小熟之後，就會發現其實他們是非常親切、熱心的。

special 的煮茶方式！

→ 上壺：濃茶
→ 下壺：熱開水
→ 火旺盛地燒著

⟶ 伊朗茶杯就不是用土耳其那種小鬱金香杯，而是用廣口的玻璃杯，大大一杯喔！
⟶ 一定會附一塊口感硬硬的糖！

伊朗的煮茶方式也和土耳其一樣是分上、下壺，要喝茶時，先從上壺倒出部分濃茶，再從下壺酌加熱水

喝茶步驟：

1. 先將糖浸入茶中，讓茶將糖部分潤濕

2. 先把糖含入口中，稍微溶解

3. 再喝一口茶！

4. 就這樣，嘴巴含著糖一口一口喝著熱茶，每一口茶都混有充分的甜味

這種喝茶方式真令人匪夷所思，就好像吃泡麵時，先吃調味包再吃麵。

神奇另一種！

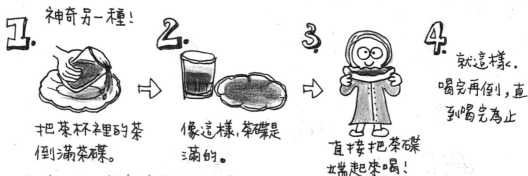

1. 把茶杯裡的茶倒滿茶碟。

2. 像這樣，茶碟是滿的。

3. 直接把茶碟端起來喝！

4. 就這樣，喝完再倒，直到喝完為止

這樣喝茶也頗新奇，因為茶碟通常是用來放茶杯的，不過阿公說，這樣喝，比較方便把茶吹涼，比較不會燙到！而且阿公說在倒茶時有個小技巧，就是杯底須在碟子內，這樣，當茶順著杯壁流下時會直接流入碟子內，而不會流到桌上。

小斧頭,很壓固

一個鐵製的石更東西
敲成小小塊的糖

好像砲彈似的糖去敲碎而成!

每一個糖柱,都比我的手臂還要長,還要粗!

我覺得中東人都滿愛吃甜食的,喝茶也都加很多糖,這裡的市集裡可以看到糖專賣店,糖的種類五花八門,我們喝茶時加的那種形狀不一,口感硬硬的糖(才不會一含入口中就溶光光!),其實是從『糖柱』上敲下來的,那些潔白的糖柱矗立在糖鋪,一根根稍息,立正,站好,實在是非常壯觀,如果整根拿來舔,可能要舔很久哩!記得在『天堂的孩子』這部電影中,有個畫面是小男孩的爸爸正在幫清真寺準備祈禱後喝茶要用的糖,他是坐在地上敲糖塊的!我在市集裡也看見人們拿小斧頭把糖柱敲成糖塊,再秤斤兩賣!喝茶時不是只能加這種白色糖塊,還有無數種口味的糖也很受歡迎!☺

例如:

➙ 一種黃色結晶像冰糖的糖

➙ 糖裡面加了一絲絲的紅色番紅花蕊

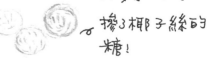

Puleki,
像硬幣大小,黃色透明,上面還有波斯文的麥芽糖風味的糖

➙ 摻了椰子絲的糖!

133

我不要吃這種不像漢堡的漢堡！

今天的早餐是漢堡，可是它是一個假漢堡，裡面放了蕃茄洋蔥，生菜，黃瓜，另外還可以點一種主餡料，可淋上美乃滋或芥茉醬，可是麵包的口感極乾，吃到我面露扭曲表情，主餡料有很多種可以挑，ex:臘腸、麵條（真的是拿來夾麵包的，我以為用手指指一下麵條，等一下會上來一盤炒麵，但送來的是麵包夾麵條！orz！）、碎肉、內臟大混合、馬鈴薯塊（馬鈴薯塊是有調味的，且口感濕潤，夾在麵包裡還不錯吃！心）、白煮蛋......

，雖然這頓漢堡早餐吃得很痛苦，但為了不辜負老闆的熱情招呼，我和Fish還是非常努力全部吃光，乾澀無味

通常會貼漂亮的漢堡海報，但做出來的，絕對不像！

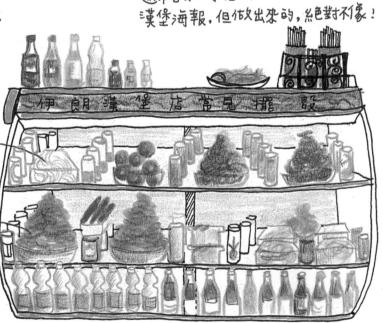

伊朗漢堡店常見擺設

麵條，不過是用來夾漢堡的喔！

他們很喜歡把餡料堆得高高尖尖的，很壯觀

的漢堡，讓我一輩子都不想再吃漢堡了，而且為了減低漢堡的乾澀，我點了一瓶『假可樂』來喝，這個牌子真是地雷，味道猶如感冒糖漿，「假漢堡」+「假可樂」的早餐組合，真是讓人覺得很悲情。

Salar Cola

大地雷,勿踩!

漢堡店的好心老闆的善良熱情算是為這頓悲情早餐扳回一城，他重新為我們復習數字用法及打招呼語，知道我們要坐車前往 Tabriz，特地告訴我們票價，以免我們被敲竹槓，並提醒我們坐計程車最好是請旅館代為叫車或在各車站請駐站警察幫忙叫車，比較安全，從昨晚發生的驚悚事件，已經讓我們提高警覺，我想我們會盡量搭公車，但是漢堡店老闆告訴我們，伊朗很少公車，計程車才是大家最常使用的交通工具，計程車滿街跑，隨招隨停，沒掛牌的私家車也可以招，因為為了貼補費用，一般私家車的駕駛都會開放『共乘』，所以你可以站在路邊(大馬路,圓環尤其方便!)，告訴司機你的目的地，並詢問價錢，因為這種 shared taxi 的制度，在伊朗很常見，幾乎取代了其他公車！而且 shared taxi 的驚人容量，一次可坐進 5 位乘客,是不可以小看的! 嗯!還好伊朗人普遍是瘦子!

後座乘客:3人
司機:1人
前座乘客:2人
總共:6人

Savari (shared taxi)

根本完全看沒有懂的一張車票！天書！

車程：4小時
車資：每人10500 Rials
（≒37台幣）

從 Maku 前往 Tabriz（大布里士），車資便宜得讓我們覺得非常不好意思，因為伊朗是世界第二大石油蘊藏國，此地的油價因政府補貼而十分低廉，所以在伊朗搭巴士或飛機都很便宜，不過我和 Fish 都決定以巴士或火車當交通工具，因為我們不趕行程且一樣愛看車窗外的風景，另外，也聽說因為伊朗受經濟制裁的影響，無法向西方採購飛機，我雖然節省（愛貪小便宜），卻也不想把生命交給老舊的飛機！只是在土耳其搭高級長途巴士的美好時光很明顯地已經離我遠去，這個古早小巴士是沒有端茶倒水的服務，不過司機、車掌、乘客，每個人都非常好，車子沒有空調，行駛在炎熱的沙漠中，猶如一個活動大烤箱，我包著頭巾，穿著長衫，身上的汗濕了又乾，乾了又濕，坐在前座的大叔看到我快熱昏了，

什麼年代了，這種古早巴士竟還在每個座位掛個小桶子丟垃圾。

手上的礦泉水瓶子也快空了，就告訴我車子前面有冰水，要我把瓶子交給他，他離座為我取來冰水，鄰座的女孩還請我吃洋芋片，一路上的臨檢很多，軍警取走我們的護照，車上的旅客也會用手勢要我們放心，一切有他們在……；其實，不管是在土耳其或伊朗，只要不是那些居心不良、存心吃外國女生豆腐的壞蛋，大部份的男生都是很照顧女生的，比如說，搭車時，就算車上看起來好像沒有空位了，也一定會有男人馬上從座位上跳起來，為我和Fish 空出兩個空位。:)

→ 沒有英文名片

今晚在Tabriz 住的 Mashhad Hotel 是位在 Ferdosi Street 這條街道，只要在巴士站(04 Terminal)對計程車司機說"Mashhad Hotel"，無人不知！從Terminal 到市中心的計程車資是1人 2000 Rials，但我們共付10000 Rials，又被坑了！

兩人房，一晚一間 60000 Rials (≒210N.T)
公用衛浴，要洗澡的話，每人每天要再加收 5000 Rials (N.T.18)

在伊朗，除非住比較高級的旅館，大部分中低階旅館都很難找到附衛浴的雙人房，洗澡要另外加錢(奇怪？有人不洗嗎？)，要洗澡前，先去向櫃台拿浴室鑰匙！不過伊朗的規矩很嚴格，不管是要洗澡或上廁所，只要一離開房間，我們都得乖乖戴頭巾、穿長衣，不這樣『全副武裝』，不可以出現在走廊上，不然會招致不友善眼神，甚至危險。

7月28日(五)　衛生紙與食物

到底是誰？是朋友說的？還是韓國人在凡城跟我說的？還是書上寫的？還是我從網路上看來的？不管是誰說的，反正這是一個過時的消息！那就是～**伊朗很難買到衛生紙**，這個不正確的消息，害我和Fish兩個大笨蛋，在土耳其Erzurum買了**十包**隨身紙手帕，又在Doğubayazit買了**8捲**圓筒形衛生紙，好悲哀，好險通關時毋須檢查行李，否則人家會以為我們要到伊朗賣衛生紙！我的行李箱很小，而且早就爆了，本來我只打算買4捲就好，但Fish一向喜歡不虞匱乏的感覺，她說她不想要到了伊朗還為衛生紙的事情煩惱，她很有信心地說：『買8捲，我來背！』，所以全部的衛生紙通通進了Fish

→ Fish的頭！
↙ 小背包　↓ 大背包

的大背包，昨天在Maku小鎮，她在小超市看到衛生紙堆得高高地，從地板直到天花板，她問我：『你看，伊朗明明有衛生紙！』，我只好自圓其說：『也許只有這裡有而已，其他地方沒有……』，結果今天在Tabriz街上，不但小店有賣衛生紙，而且到處都有小孩和阿公兜售衛生紙、貼補家用，她開始哀怨起來了：『你看，連小孩和阿公都在賣衛生紙，而且是那種高級的，一盒盒的面紙』，她說從今天開始她會每天把圓筒式衛生紙一張張撕下、摺好，每天發給我一疊，我要負責把每天的『配額』用完，我也不是故意講錯的呀！嘿！到底是誰說伊朗沒有賣衛生紙的？

伊朗的厠所很少有自動沖水設備，不過通常會有個長得像澆花器的那種水壺放在地上，這個壺就是用來沖馬桶的，不過，厠所裡還有個水龍頭，水龍頭上還接了個長長的管子，千萬別以為這個管子是用來淋浴的（orz），哈！因為它的用途是～洗屁屁！伊朗人上厠所不用衛生紙的祕密就在這裡！他們用左手洗屁屁，所以如果用左手拿東西吃、用左手和人握手，都是很失禮的，因為左手是被認為是不潔的。

左手

我和Fish在吃東西時，常會互相提醒：『小心！別用左手喔！』，嗯！吃東西時應該把左手綁起來！

我不習慣用伊朗人的方式上厠所，不過很不幸地，Fish今天竟然拉肚子，她只好隨時戴好頭巾、穿好長衫，以便隨時衝去厠所，她很神祕地告訴我，她也學起伊朗人用那根長長的水管洗屁屁，洗完之後，覺得屁股涼涼的，很舒服，對拉肚子的人真是一大福音；嗯！拉肚子的她應該也會增加衛生紙的用量吧！這樣衛生紙可以快點用完 🐰 不過有點糟糕的是，我們住的旅館每洗一次澡要加付5000 Rials，所以每當Fish上二樓去厠所，旅館的人就一直偷偷監視她是否是去偷洗澡？（鬼咧！誰那麼愛洗澡？）；在她悲慘地拉了一天肚子之後，我才猛然想起我有帶止瀉藥，她一邊吞藥，一邊抱怨：『

為什麼不早一點想起來呢？』

真令人百思不解，為什麼我所認識的有來到伊朗的人都曾經腹瀉？我努力回想昨晚我們到底吃了什麼東西？

ab talebi 蜜瓜汁
5000Rials (NT.18)

霜淇淋
2000 Rials
(NT.7)

5000Rials

faludeh，很多人稱之為
"spaghetti ice cream"

這道冰品絕不可錯過，裡面先鋪上米做成的麥麵條（所以才會說是義大利麵冰淇淋呀！）這種米麵條具有冰凍過的口感；再加上兩球冰淇淋，我選了 pistachio（開心果口味），可以吃到果仁，口感香濃紮實；再淋上芳香濃郁的 Iran Golab（也就是 Rose water，玫瑰水），有時是淋上檸檬水！錯過會抱憾終生的冰品！
不吃會死！

西瓜一大個6000Rials
伊朗氣候乾燥，白天萬里無雲，日照強，有利於瓜果行光合作用，但日夜溫差大，當夜晚轉為涼冷，瓜果會將所製造的糖份儲存下來，所以伊朗產的瓜果甜又多汁哩！

無價珍寶

（為了一碗泡麵決鬥的兩人！）

因為不想再吃漢堡，昨晚我們拆了開一碗珍貴的泡麵來吃，因為怕帶豬肉製品到伊斯蘭國家不太妥當，我還指定要素食口味！

140 ③

今天星期五,是所有
伊朗人放假的日子,
很多店關門沒做生意,
我們無法逛街,只好去逛
不是 藍色 的藍色清真寺,這個清真
寺應該叫做 土色 清真寺才對,不過部分
牆面仍殘存古代的一小部份藍色磁磚,呈

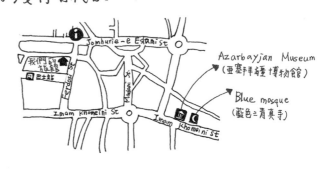

藍色清真寺の磁磚

幾何圖形 排列,十分
美麗,這裡十分安靜,
是一個可以好好思考、
看書的好地方,Fish
去拍照,我坐在走廊上靠
著柱子發呆。

今天的日記不知道要記什麼?因為好像也沒去什麼地方,嗯～
只能繼續記錄食物了!

shir moz
(banana,香蕉)

一支 2000
Rials (≒NT
7)

香蕉霜淇淋實在超超超好
吃,在台灣時,我超不喜歡吃
香蕉,但香蕉霜淇淋竟如此
美味,台灣人快点做來賣吧!

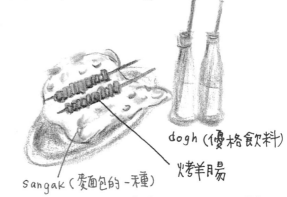

dogh (優格飲料)

烤羊腸

sangak (麥面包的一種)

伊朗人把烤肉稱為 kebab (K的發
音發成類似 ㄍ 的音,他們用炭爐
燒烤,烤肉搭配優格飲料是最佳
選擇,可以去油解膩。(Fish 拉肚子,
今天都是我在吃哩!)

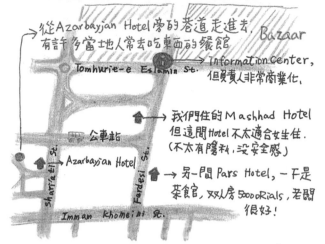

→從Azarbayjan Hotel旁的巷道走進去. Bazaar
有許多當地人常去吃東西的餐館

Tomhurie-e Eslamin St. → Information Center,
但負責人非常商業化.

我們住的Mashhad Hotel
但這間Hotel不太適合女生住.
(不太有隱私,沒安全感)

公車站

Sharri'a ti St.

Azarbayjan Hotel

Fordesi St.

→另一間Pars Hotel,一F是
菜館,双人房5000Rials,老闆
很好!

Imman khomeini 兒.

就食物而言,今天真
是幸運日,因為我們
四處亂逛,鑽進了
Azarbayjan Hotel 旁邊
的小巷子,遇到又路
時右轉,在右手邊有
一間提供當地人食
物的小餐館,老闆很努力地
用『行動劇』示範如何吃波
斯料理,東西便宜又好吃,因
為對漢堡恐懼到了極點,
所以找到這種 local 的餐館
時,簡直是快喜極而泣了!我們決定餐餐來報到。

烤肉   烤蕃茄

米飯

Chelo kabab
(米飯)(烤肉)

米飯也是伊朗人的主食之一(感
謝上天終於讓我吃到米飯了!)
不過這裡的米比車交細長,而且是有加
料的,有的會拌入奶油增加香味(我
們今天就是吃拌了奶油的!);有的會用
蕃紅花香料將米粒染成金黃,洒一些在米飯最上層,不
但漂亮而且可以增加香氣;另外,市場上有
賣一種非常酸的小紅莓,洒在米飯上顏
色對比很漂亮,而且酸酸的口感可以
開胃呦!

小紅莓

Sangak (麥面包的一種!)

也是 sangak

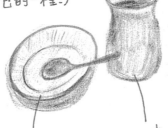

洋蔥

mast (優格)

其中混合了黃瓜絲,並洒上數種香料,超優

?? 是一個空碗!

dizi, 又稱為 abgusht, 裡面有蕃茄、馬鈴薯、洋蔥、鷹嘴豆、帶肥肉的羊肉,我的旅遊書上寫說這是以前窮人吃的食物,是亞塞拜疆這個地區的便宜食物

(照片由順時鐘方向)

必備道具:鐵杵一支!

Dizi 吃法大公開!

 ★ 步驟 1.
先把缶罐子裡的湯汁倒進空碗中

 ★ 步驟 2.
把麥面包撕碎,丟進湯碗中,讓麥面包浸泡在湯汁中。先吃掉這碗,全吃光!

 ★ 步驟 3.
把罐子中的"料"一蕃茄、洋蔥、鷹嘴豆、馬鈴薯、帶肥肉的羊肉,倒入空碗。

 ★ 步驟 4.
用鐵杵把石碗裡的"料"搗成爛泥!

★ 步驟 5.
用麥面包一角沾碗裡的東西吃,或用麥面包包裹著吃!

吃得超級撐

١٣١ 143

7月29日（六）　Kandovan 半日遊

連播報新聞的也戴頭巾吔！

台灣發生地震？

我出門已經將近一個月了，也開始想念台灣的一切，不過進伊朗之後，周圍許多新的事物席捲而來，每天好像都得接受新的挑戰，讓我沒有空去想念飯糰跟蘿蔔糕，不過今天坐在旅館餐廳喝茶時看到新聞播報『台灣發生地震』，看到電視畫面出現台灣小島，然後點出紅色的震央，我跟Fish說待會兒去找看看有沒有網咖，打skype的網路電話回家關心一下吧！

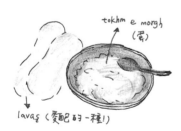

tokhm e morgh（蛋）

lavas（麵配的一種!）

早餐又去昨天那間餐館吃，阿公為我們做了煎蛋，灑上塩巴，用麵包夾著吃，十分美味☺

我們在伊朗的生活可說是漸入佳境，這要歸功於手中的旅遊書 Iran（lonely planet出版），我們從書中苦學一些實用的波斯單字，今天又再買一本『英語↔波斯語

4500 Rials
（≒NT.16）

迷你字典』，我們從書上、烤肉店、茶館學來的幾

句破爛、但討人歡心的波斯語，證明只要有厚臉皮和巨大好奇心，天下無難事啦！

① salam → Hello
② Khoda Hafez → Goodbye
③ kheili khoob 或 kheili ziba → very good, 或 very beautiful
④ merci → Thank you
⑤ esman peiyu → my name is Peiyu.
⑥ che ghadr ? → How much ?

~ 討人歡 ♡ 波斯語篇 ~

例如：pul le chay che ghadr ?
　　　(money)　(tea)

Tabriz ⊙
osku
Kandovan

≒50km(1hr車程)
等候時間：2hr

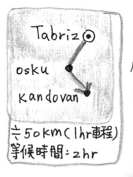

我和Fish今天都懶洋洋的，不太想動腦筋，雖然我們都不喜歡市集旁邊那間非常商業化的Tourist Office，可是我們今天還是跑去那裡包了一個半日遊的行程，由Tourist office負責人Nasser先生的弟弟開車載我們去Kandovan（我懷疑這間Tourist office根本就是他們的家族企業），原本只有我和Fish兩個人，1人70000 Rials (NT.245)，但後來有個約旦人加入，變成1人只需負擔50000 Rials。

這是一個類似土耳其Cappadocia(卡帕多起亞)的地方，"Kandovan"(K發音為ち)當地人挖鑿易蝕的岩石居住，在前往Kandovan的途中，可以看到許多養蜜蜂人家，可愛的小朋友正在看守蜂箱

140　145

防蜂！
薄紗！

此地還盛產核桃，我們看到青綠色的核桃掛在樹上跟著微風的節奏搖曳著。

在 kandovan 最有趣的一件事就是在村子裡窄窄的樓梯爬上爬下，有的洞穴給人住，有的洞穴是畜欄或儲物間。還有很多可愛的小驢子悠哉走動，在這裡，有一頭小驢子就等於有一部車子；有一個婦人對我們招手要我們去她家坐坐，我們跟著她去了，我站在門口向內張望，正準備脫鞋，卻看到裡面的人面無表情地看著我們，裡面的陳設簡單，地上鋪著地毯，牆上鑿了幾個洞放置物品，嗅不出人們有歡迎我們的意思，我覺得有些尷尬，打算離開……，但那婦人卻開口：『Money』，我有点訝異，旁邊的約旦人才掏出了 2000 Rials，表示由他給就好了，但婦人卻不滿意地要求：『1張何梅尼 (10000 Rials) ……，我們匆忙離開，心裡覺得難過，如果是我，我不會給錢，可是，這到底是當地人的錯，還是觀光客的錯？可能以前有觀光客

猛拍照

驢子耳朵長長真可愛

146　　　۱۳۲

想拍當地民宅而主動談價，但我不喜歡這種方式，我覺得沒看到、沒拍到某些東西就算了，用金錢交易的方式實在不夠尊重人、也不尊重當地文化，也把純樸的地方污染了。

我們住的這間 Hotel，陸續發生了幾件讓我們覺得不太舒服的事情，Fish 昨天拉肚子，她說每次她去上廁所，都會有個男人故意在那附近張望，講手機；昨天深夜，有人來敲房門，我沒有開門，用英文問是誰？但那人不回答，又再敲，等了一會兒，他才說：「just kidding」，很不巧，那人的手機突然響起，Fish 說那就是白天窺看她的人的聲音，而今天早上 Fish 發現那人是廚房裡的清潔工 ⋯⋯；另一件糟糕的事情是這裡的房間均環著一個天井，很多人從天井經過時，都會故意停駐，企圖由窗簾縫隙觀察我們，當晚上來臨，房間裡開燈時，半透明的窗簾會變得更加透明，根本是一覽無遺，我努力用重物壓住窗簾邊邊任何可能走光的縫隙，然後抽出被套和晒衣繩，我們合力把輕薄的被套夾在晒衣繩上，等於是幫窗簾加一層襯底，也替我們增加幾分安全感。

7月30日（日）　逛逛波斯Bazaar

追記一下昨晚的晚餐！
昨晚又是去那間阿公小
店吃的，阿公又端出獨門
菜來餵飽我們2顆中
國胃。

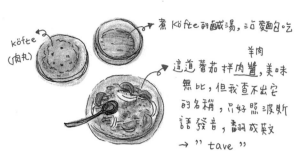

köfte
(肉丸)

煮köfte的鹹湯，泡麵的吃

羊肉
這道蕃茄拌肉醬，美味
無比，但我查不出它
的名稱，只好照波斯
語發音，翻成英文
→ "tave"

昨天中午我們在街上看見有人推著車子
在賣水煮馬鈴薯，可以加上新鮮蕃茄、韭
菜，用餅皮捲起來，再以手掌施壓稍微
壓碎，看起來好像很好吃的樣子，所
以我們今天早上就去買這種街頭
小食回來當早餐；再去買兩杯果汁，
伊朗人超愛喝果汁，處處都可以看到
果汁店，每一間果汁店都用各
種顏色的水果裝飾
得非常花俏可愛，
而且生意都非常
興隆。

住在這個城市，
最幸福的一件
事，是去逛這裡的Bazaar（巴札，也就是市集之意），事
實上，"Bazaar"這個字原本就是源自於波斯語，後來

ab hendune
西瓜汁

ab anar
石榴汁

ab talebi
寶瓜汁

ab porteghal
柳橙汁

ab sib
蘋果汁

才演變成世界通用的字。

→天窗

大 Bazaar 裡面分成很多区，
例如：生活五金区、布区、香料
区、衣服区 ……，生活中食衣
住行育樂各個層面全都顧
到了，這個大市集非常古老，
長長的廊道中，用上方的天
窗引進自然光線，真是聰
明的做法，感覺好像是乘坐
魔毯來到一千零一夜裡的
神祕國度哩！有一区是專
賣地毯的，雖然每一間
地毯店的店面都小小
的，但店裡必定懸掛
著鎮店之寶～織工精妙
的波斯地毯。

地毯的價值和背面的『結
數』有關，結數愈多，織工
愈精細，波斯地毯的打結
方式和土耳其不同；波斯地
毯聞名於世，不過近來遭
受挑戰，一則有些用機器

雙結式
(土耳其式)

單結式
(波斯式)

編織的地毯打亂行情，另外則是有來自印度、巴基斯坦的冒牌貨搶生意！手工編織地毯是非常耗眼力的，我對波斯地毯的認識是來自『風之絨毯』這部電影，這部電影開啟了我對波斯地毯及波斯（伊朗）美好文化的認識，

The wind carpet

在電影中可以看到當地婦女如何染線，風乾（是自然風乾喔！）到手工編織，非常費力，那些情節中的小細節好迷人，我想，手工的獨特與精細，是很難被機器取代的，希望世人可以看到，並欣賞波斯地毯的美 ♥

賣絲線的店裡，到處掛著、堆著捲成麻花似的彩色絲線。

7cm

2.5 cm

摩夫爾 2000 Rials
(≒NT.7)

市集裡有清真寺，我們安靜地在清真寺的一側看著祈禱儀式的進行，牆上排了一個個小東西，是土耳其的清真寺裡沒有的，伊朗所信仰的伊斯蘭教，是屬於什葉派，什葉派教徒在祈禱時會在額頭前方放一塊『摩夫爾』，祈禱時以額頭輕觸摩夫爾，摩

夫爾有 正方形、長方形、圓形、橢圓形等，以泥土做成，
表面刻畫著清真寺圖案、阿拉伯文字……等，我買了一個，
送給 Linlin 當禮物 ☺

20000 Rials (≒ 70 NT)

一個 2500 Rials (≒ NT. 9)
兩個 5000 Rials (≒ NT. 18)

大市集中還有賣手工編織的長襪，
Fish 買了兩雙，準備冬天穿，色彩
鮮豔，十分美麗；另外還有毛線編
織的洗澡手套，很輕軟好用，專走
雜貨店路線的 Fish 又包了兩雙，這
裡有賣一種小小小小塊的香皂，據說
就是用來放進這種手套裡，洗澡用。

今晚要搭夜車前往 Rasht，再轉車到 Masuleh，夜間巴士
有兩種等級，其實車票票價雖然差了一倍，但真的沒差多少
(才差台幣70元)，但不知為何，我和 Fish 變得好節省，竟選
了便宜的那種等級，不知道在省什麼？

↳ 這是 Tabriz 的公車票
沒用到，所以有幸貼在這裡。

從我們住的旅館到巴士
總站 (Terminal)，我們決定
不坐 Savari (shared taxi)，
而改坐公車，因為我很想
嚐試不同的交通工具，某
個阿公知道我們想去搭公車，還熱心致贈本市巴士票兩
張 (一張 250 Rials，不到台幣一塊！)，我們本來想給阿公
錢，但阿公擺擺手表示這一點『錢仔屎』，比灰塵還不如，
不過，後來票並沒有用到，因為公車司機堅持不肯收。

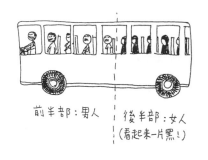

前半部：男人　　後半部：女人
　　　　　　　　（看起來一片黑！）

我們在路上遇見的伊朗女生多半是穿著從頭到腳一身黑的 Chador，她們通常美麗而安靜。我們很少有機會和她們交談，偶爾才會有女生主動找我們說話，不過，今天搭公車時，就不一樣了，因為伊朗的公車是『男生坐公車前半部，女生坐公車後半部』，男女份際相當清楚，不過，也因為後半部全是坐女生，所以她們毫無顧忌地與我們交談，每個人要下車前都會向我們握手說再見，好像我們是超級巨星似地，呵～那黑紗掩映的臉龐是多麼迷人、令人難忘啊！！

Tabriz　Rasht
　　　Masuleh

Tabriz → Rasht，夜間巴士
9hr，每人 22500 Rials
Rasht → Masuleh，計程車
1hr，每人 20000 Rials
（我們共有3人）

今晚這趟夜車之行，除了 Fish 和我之外，還多了一個新成員──June，這個勇敢的韓國女生單獨旅行，一路從埃及、約旦、敘利亞，再穿過土耳其進入伊朗，我是在旅館的走廊上看到她的，當時她穿短袖、沒戴頭巾，我們比她早進住旅館，我覺得她的衣著可能會給她帶來麻煩，所以去向櫃台要了她的房間號碼，特地去提醒她，（我覺得旅人在途上應該相互支持！）她剛進伊朗，也為了一些事不開心，今天她留了一封信給我，問我可否同行？於是我們一起上路。

7月31日(一) 美麗山城 Masuleh

一整晚的舟車勞頓,在半夢半醒之間,從車窗看出去,我看到裡海的美麗日出,換了計程車,我們直奔美麗的山城 Masuleh,沿山建築的奶油黃色小屋,像層層疊疊的可口蛋糕,粉牆上是雕刻別致的木造窗櫺,山嵐依然沉睡著,尚未升起,空氣裡飄動著清新的氣息,這裡的景觀有別於伊朗其他地區的黃色荒漠。

因為房子依山而建,你家的屋頂可能是我家的庭院,當地人在屋頂上種植花草,兼具保溫效果,也可以做為大家野餐聊天的場所。

這裡是伊朗人愛來度假的地方,所以有很多家庭式度假公寓,電器設備一應俱全。

我們住的:每人每晚 50000 Rials (≒NT. 175) 超享受!

浴室.廁所　　廁所
開放式廚房
床　　園　　椅　椅　壁爐
雙雙床　　　　玄關
窗　　門

153

PEIYU的地理教室·我愛學習

（橫批）

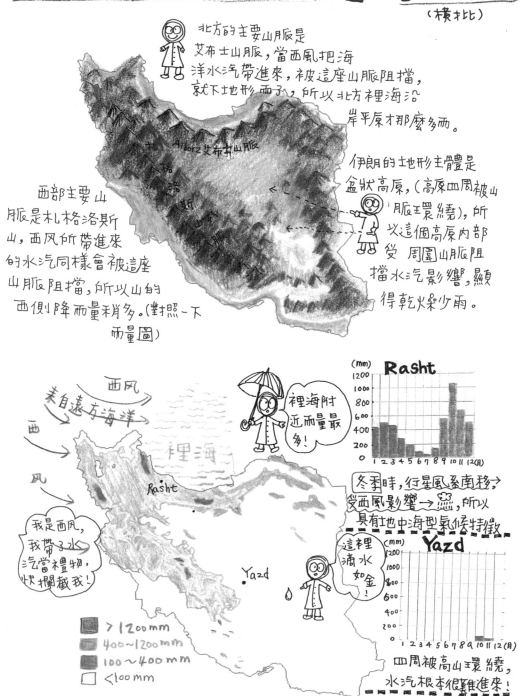

北方的主要山脈是艾布士山脈，當西風把海洋水汽帶進來，被這座山脈阻擋，就下地形雨了，所以北方裡海沿岸平原才那麼多雨。

Alborz 艾布士山脈

西部主要山脈是札格洛斯山，西風所帶進來的水汽同樣會被這座山脈阻擋，所以山的西側降雨量稍多。(對照一下雨量圖)

伊朗的地形主體是盆狀高原，(高原四周被山脈環繞)，所以這個高原內部受周圍山脈阻擋水汽影響，顯得乾燥少雨。

西風
來自遠方海洋
西風

裡海

Rasht

我是西風，我帶了水汽當禮物，快攔截我！

裡海附近雨量最多！

Yazd

這裡滴水如金！

(mm) Rasht
1200
1000
800
600
400
200
0 1 2 3 4 5 6 7 8 9 10 11 12(月)

冬季時，行星風系南移→受西風影響→雨，所以具有地中海型氣候特徵

(mm) Yazd
1200
1000
800
600
400
200
0 1 2 3 4 5 6 7 8 9 10 11 12(月)

> 1200mm
400~1200mm
100~400mm
< 100mm

四周被高山環繞，水汽根本很難進來！

154 ｜３⚡ε

增加常識長知識

這幾句可以當對聯吧！我真厲害！有押韻到！

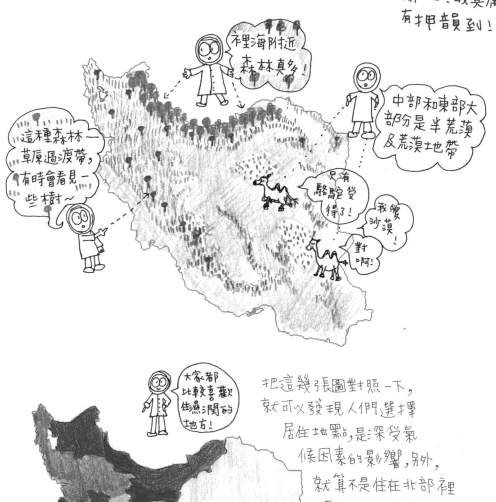

裡海附近森林真多！

中部和東部大部分是半荒漠及荒漠地帶

這種森林—草原過渡帶，有時會看見一些樹～

只有駱駝覺得了！

我愛沙漠！

對啊！

大家都比較喜歡條濕潤的地方！

沙漠地帶不受人歡迎

人口數 多↑少

把這幾張圖對照一下，就可以發現人們選擇居住地點，是深受氣候因素的影響，另外，就算不是住在北部裡海附近的人，在放假時，也會想去裡海附近觀光，畢竟那種滿山遍野的綠意，在伊朗，是宛若天堂的顏色哩！(看起來景色好像台灣喔！)

因為 Masuleh 常常下雨，所以這裡的煙囪都會加上蓋子，看起來好像很多小矮人並站在屋頂上聽天空說話。

➡ 這裡最好看的風景就是那些周雕刻精細的窗户了，人們在窗台上種花紅的，白的，綠的，煞是好看。

And，今天在街上認識香港人 Poon（好怪的有趣名字！）他超好笑，明明是個經濟學老師，可是他在伊朗旅行從來不殺價，很不經濟，他提供我們旅遊資訊時，一直強調：『你們絕不要高於我的價格，我一定最高價！』，哈！這個香港大戶一定深受伊朗人喜愛。

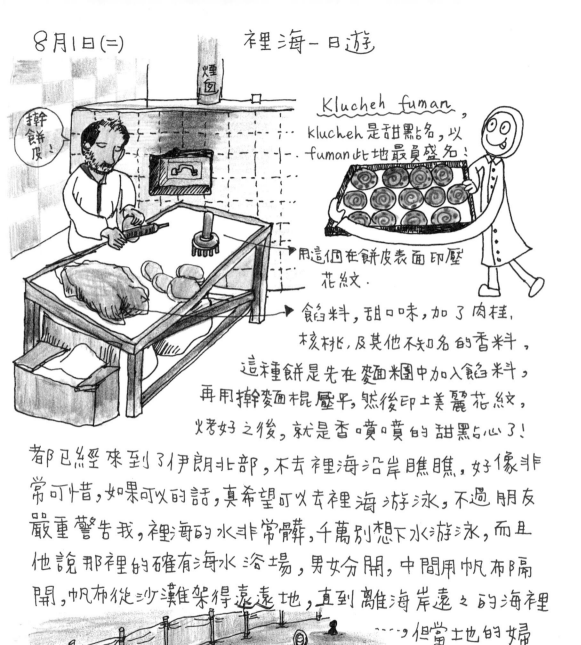

8月1日(二)　　　裡海一日遊

Klucheh fuman，
klucheh 是甜點的名，以
fuman 此地最負盛名！

用這個在餅皮表面印壓
花紋．

餡料，甜口味，加了肉桂，
核桃，及其他不知名的香料，
這種餅是先在麵糰中加入餡料，
再用擀麵棍壓平，然後印上美麗花紋，
烤好之後，就是香噴噴的甜點心了！

擀餅皮．

都已經來到了伊朗北部，不去裡海沿岸瞧瞧，好像非
常可惜，如果可以的話，真希望可以去裡海游泳，不過朋友
嚴重警告我，裡海的水非常髒，千萬別想下水游泳，而且
他說那裡的確有海水浴場，男女分開，中間用帆布隔
開，帆布從沙灘架得遠遠地，直到離海岸遠之的海裡
……，但當地的婦
女還是穿著黑
色 chador 下水，
一樣玩得開開心心。

懷抱著對裡海的憧憬，June、Fish、還有我，展開『裡海一日遊』，今天其實是瘋狂的一天，因為 Masuleh 的計程

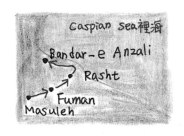

車司機開價十幾萬 Rials，載我們去裡海沿岸，我們覺得太貴，而且坐計程車不符合『背包精神』，所以我們決定自己轉小巴士去！（其實那價錢也不過台幣五、六百元，三個人分攤真的沒多少錢！不知道我們到底在省什麼？而且事後回想起來，這一整天被有如豺狼虎豹的計程車追逐、亂開價、不停地找小巴士，June 還被路人騷擾，我幫忙追趕想痛扁壞人，為了這件事，我們還去警察局備案……，馬不停蹄的一天，累得半死，結果省不到台幣一百元！）

不過，也就是這樣的過程才令人回味無窮，我們起先是遇到好心阿公一路引導我們如何換車，後來雖然悲慘地被壞計程車司機丟在不知名的路邊，卻又因為問路的關係，而認識一個在路邊加油站加油的『大富豪』，大富豪一聽到我們的悲慘遭遇，立刻打電話將下午的會議取消，親自開車載我們去裡海，大富豪

問我們到底要去哪兒？唉～實在好難回答，因為我們只是想看到海，不過我的旅遊書上寫著 Anzali 這個潟湖旁有

著一整排像泰國曼谷的水邊房子！我靈機一動，憑著以前去過曼谷的印象，把昭披耶河旁的『高腳屋』畫下來，指給富豪看，他看了哈哈大笑，直說：『我懂了！』......，他飆車把我們載到碼頭，然後叫了一艘高級快艇，我看不懂價目表，但富豪表示由他講價先付比較好，我看他根本沒講價，就選了最貴的那一種，我們只好先上船，再一起討論應該怎麼把錢還給富豪！

裡海其實
真的滿骯髒的，
因為在靠陸地的一側，水面覆蓋著厚厚
一層水生植物，青綠青綠地，讓人以為是綠草
地，冷不防一腳踩上去...😠，水生植物這麼茂密，可想
而知這海水有多營養，我們坐船穿過潟湖去欣賞遠
處的水鳥和蓮花田，一叢叢的蘆葦．蓮葉何田田，船老大
怕驚動鳥兒，於是把馬達關了，讓我們安靜欣賞，
蓮花田讓我以為自己
回到台灣の白河。

→救生

竟然有蓮花

159

裡海不是海，它是一個大鹹水湖（面積37000 km²，大約10個台灣大），靠近裡海，會聞到空氣中飄著一股油臭異味。其實這也難怪啦！因為裡海是很忙碌的，它的周圍有五個國家，我的書上說，到底裡海是『海』還是『湖』

RUSSIAN
俄羅斯

KAZAKHSTAN
哈薩克斯坦

Caspian Sea

亞塞拜然
AZERBAIJAN

TURKMENISTAN
土庫曼斯坦

IRAN

？各國為了經濟利益，一直爭論不休，因為如果依照國際法令來看，若它是『湖』，那麼經濟價值將由濱臨它的國家所共享；但如果認定為『海』，那麼每個國家都可分得一小塊領域，享有管理、控制及經濟上的權利，因為爭論不休，也讓各國各自為政，使裡海面臨環境危機，比如說，裡海海底蘊藏豐富的石油，各國在這裡鑽測油田，加上船隻往來頻繁，污染與日俱增，雖然各國有嚷著說要合作開發裡海，並進行環境保護，但效果有限。

我最長！

石馬頭勞吊輪船貨櫃用的大型機具真像一隻隻長頸鹿

嗚~
嗚~

鱘魚哀歌

早上出發時，June 告訴我她很想到裡海附近去嚐嚐美味的魚子醬，Caspian sturgeon（裡海鱘魚）所生產的 Caviar（魚子醬）　　　是世界

90% 魚子醬的生產來源，一隻鱘魚的生長要花費很長的時間，比如說最頂級的魚子醬，是等它長到 60 歲成熟至排卵，才可以用它產的卵去製作，一小匙就要賣台幣好幾千（我這種窮人當然是沒吃過啦！如果有人要請我吃，不如折現給我！）不過，據說高檔的魚子醬不在伊朗，因為都出口去了！可憐的鱘魚，因為各國漁民竭澤而漁地爭相捕撈，正面臨數量驟減的生態浩劫。

結束了遊船之旅，回到岸邊，我們堅持要付快艇的錢，但富豪卻不願收，一直強調："You are my guest"，並說要請我們吃午餐，一直接受人家招待讓我們非常不好意思，只好不斷道謝並予以婉拒，他留下了電話，先趕回公司開會，說如果我們遊完裡海，可以打電話給他，他可以請我們吃飯並開車送我們回 Masuleh（天啊！那可是一段不算短的距離！）；我們並沒有在裡海附近逗留很久，因為回程會經過的 Fuman 小鎮，每週二有流動市集，我們打算去遊，並買

141

一點菜回去煮，比較省。在 Fuman 採購完畢的我們提著大包小包，準備坐迷你巴士回山城 Masuleh，因為不知道車子什麼時候會來，所以當地人教我們沿著馬路中間的安全島往 Masuleh 的方向走，等迷你巴士經過時，自然會停下來載我們，哈！當我們大剌剌地走在安全島旁時，不停地有計程車叫我們，但總有熱心的機車騎士揮手叫我們別花錢搭計程車，說迷你巴士就快要經過了，果然，我們才走了一小段，迷你巴士就從後面叭叭叭，車上的人齊聲向我們大喊 "Masuleh！"，我們開心地跳

Masuleh! Masuleh!
Masuleh!
Minibus

巴士上の可♡的阿嬤！
和阿嬤擠在一起！

上這輛快樂迷你巴士，很讓人感動的是，車上明明很擠，但他們還是努力挪位子，一定要讓我們有位子坐，有一個瘦小和藹的阿婆挪出一部份座位，喚我過去和他一起坐……，一個小女孩努力找東西想和我們分享，可是找來找去，卻只找到一包面紙，但她從裡面抽出三張，送給 June、Fish 和我，下車時，每個人都用力揮手和我們說再見，嗯！伊朗人就是這樣，他們會和你分享手邊的東西，我突然想起那句 "You are my guest."，我想，他們當我們是這輛巴士上的 guests，熱情收待。

162.

Masuleh 有個小巧獨特的宗教建築,我原本以為是間清真寺,走近才知道是間聖廟,這是此地聖人崇拜的風俗,這些聖人可能是受民眾愛戴的伊斯蘭宗教家,過世後集體埋葬,形成聖人陵寢,裡面的看守人員還向我做了一個  sleep 的動作,告訴我有人長眠於此! 地上及兩側可見墓碑,以及追頌文字,鮮花,有些還點了燈,女生送入聖廟時,須穿戴 chador (查爾達巾),女生的祈禱區是用布另外隔出一區,入口處有個放了 Chador 的籃子,供人取用,我們只得入境隨俗,各取一件,不過我們拿到的 Chador 並不是一般常見的黑色,而只是用素淨的棉布簡單車縫而成,必須從頭蓋到腳,我看當地婦女為防止 Chador 滑落,會用牙齒將 chador 的一角咬住,我們三個披著 chador 巾,感覺好像回到小時候玩蓋被單捉迷藏遊戲,樂不可支 (不過在聖廟裡,我們極度收斂,不敢太誇張),我們在裡面飄來飄去,不過只穿戴了十幾分鐘就覺得好想拿下來,決定閃人,當地婦女外出時,可必須穿戴 chador,如果是我,一定常常絆倒,然而,看她們步履輕盈的樣子,應該很習慣吧!

June　Fish　Peiyu

14严 163

伊斯蘭教不崇拜偶像，怎麼會出現聖人崇拜呢？這就必須談到遜尼派和什葉派的不同了！什葉派的起源在於先知穆罕默德過世之後，由其親信 Abu Bakr 成為政教領袖『哈里發』的繼任者，(不過有些信徒覺得應該採取繼承制比較好！)，第四任的『哈里發』是穆罕默德的堂弟兼女婿～阿里(Fatima Ali)，但他與伍麥葉家族的穆威亞(Muawiya)交惡，遭暗殺身亡，穆威亞在今敘利亞首都大馬士革建立伍麥葉王朝，並出任第五任『哈里發』，並採取又世襲制；『什葉』(shiite)意為『黨人、黨派』，在這場繼承的權力鬥爭中，阿里的擁護者別行創立『阿里‧什葉派』，自立門戶，以別於伍麥葉王朝的派別。

『什葉派』將政教合一的領袖稱為伊瑪目(Imam)，認為唯有身上流著先知默罕默德血液的後代子孫，才是真正的繼承人，只有阿里及其直系後裔才是伊瑪目的正統合法繼承人，歷代伊瑪目多遭受迫害而殉難，其陵寢就成為教徒心目中的聖土地，為他們建造聖廟祭祀，這就是什葉派聖人崇拜、承認聖徒信仰的由來。

至於遜尼派，則不崇尚血統主義，而是以可蘭經及聖訓（傳承穆罕默德言行）為準則，其與什葉派的分歧支點在此。遜尼派並不認同聖人崇拜的習俗

目前什葉派教徒大部分分布於伊朗、伊拉克。伊朗是什葉派伊斯蘭國家😊。

其實，我不是很了解這些，只是覺得很奇怪，什葉派教徒把一天五次祈禱改為三次，怎麼我都沒聽見喚拜聲？？

8月2日(三) 前進德黑蘭

昨天在山城小巷散步時，又碰到香港大户poon，他說他今天要包一輛計程車，從Masuleh坐到Rasht巴士總站，費用 70000 Rials，哇！Poon果然是大户，他聽說我們也要去Rasht巴士總站，再前往德黑蘭，nice的他立刻表示我們可以和他一起搭計程車比較安全，甚至不要我們分攤住費用……，我們不是會佔人便宜的人，更何況他又是個好人，所以我們相約今天一起坐車、分攤車費，在旅途上也有個照應。

扁豆湯

一種叫barbari的麵包上面灑了芝麻粒。咬起來有点脆，有点鹹味

tokhm e morgh 蛋

純橄欖香皂

我們起了個大早，來個清晨散步，再呼吸一次山城早晨清新新鮮的空氣，散步著去吃早餐，偷瞄到香港人poon在一間茶店吃早餐，我們決定也進去吃！伊朗人的早餐多半很簡單，一杯茶配上麵包，配點起士或蜂蜜，就可以打發，所以我們的選擇向來不多，不過，Poon吃得比我們豪華多了，果然是大户，我們也學他叫了兩份來吃！吃完後又繞去我們最愛的阿公茶館跟阿公道別，June也一路陪我們去等車，說再見時，她的眼眶充滿淚水，她拿出一封信及在敘利亞買的橄欖皂送給我和Fish，我們離開之後，她又是一

個人了，臨別前，她給了我一個擁抱，坐在車裡的我，向她揮手，一直到她在路的那一端，消失成一個點……，我、Fish，還有Poon都非常擔心她，因為長期旅行的疲憊，加上一些糟糕的事，讓她看起來很不開心，我們勸她何不提早返回韓國？June，祝妳一路順風。

不要理他！走！給七萬就好！

不是七萬嗎？

十萬！

↓呆帶Fish　↓兇惡Peiyu　↓善良poon　↓惡毒司机

Rasht
Tehran 德黑蘭
車程＝4.5hr
每人25000 Rials

自由紀念石卑
Azadi
Monument

抵達Rasht巴士總站時，惡質計程車司機向我們開口要100000 Rials，可是昨天我們明明有和Poon一起去向旅館確認過價格，我非常生氣，從昨天到今天，我真的受夠了這些喜歡敲詐外國觀光客的計程車司機，我立刻把三個人的行李拖出車箱，阻止善良的Poon多數鈔票給他，『七萬，十萬免談！』，**No Way！**

坐上往德黑蘭的巴士，一路奔馳，當自由紀念碑映入眼簾，德黑蘭到了！

這座建於1971年的紀念碑線條流暢美麗，是德黑蘭的顯著地標，也是1979年伊斯蘭革命發生時，許多抗議活動進行的地點

只是在德黑蘭巴士總站西站，又被計程車司機追逐，敲竹槓，還有個大騙子拖走我的行李，讓我兇惡地當街大聲咆哮，還好有兩個善良的伊朗人提醒，我們才沒有落入騙子手裡，最後我不但把行李搶回來，還站在警察旁邊，要那人滾蛋！所幸我們遇見另一位良善計程車司機，只是我這一連串殺價、搶行李、追趕、咆哮叫罵的過程，讓香港人Poon看在眼裡，連連說：『我真是怕了台灣女生』，善良的Poon請司機先送我們到guest house，再送他去酒店（哇！酒店吧！我好久沒聽到這個字了，Poon果然是大戶！），從認識他開始，他總是擔心我們的安全問題，但我想經過今天這番驚悚劇不斷上演，他可能比較擔心我周圍的人的安全，因為我實在太兇了！

一副隨時想打人的樣子！

安全 TAXI 守則

1. 大城市巴士站通常有計程車招呼站，（公家），若沒有，就請警察或旅館幫忙叫車。
2. 上車前，必先講定價格，寫在紙上，並確認是1個人還是一車的價格，注意價格單位是Toman，還是Rial
3. 下車時，若覺得司機惡意抬高價格，就先開門下車，然後把錢留在座椅上，然後閃人！如果有大件行李在車上，一定先下行李，才付車錢

德黑蘭住宿
雙人房（無衛浴）
一間 60000 Rials
（≒ 210 N.T），注意名字中有double

"h"，不要跑到另一家Mashad Hotel，這兒很多背包客。

窮背包客住的旅館，旅館的人多很和善！會提醒安全問題

8月3日 (四) 黑色德黑蘭

很多人都勸我別去德黑蘭,就把地圖上的這個黑點跳過去吧!他們說德黑蘭是個巨大,boring 的城市,就像是土耳其首都安卡拉,比起伊斯坦堡,非常沒看頭,而伊朗首都德黑蘭,也不如另一個城市——伊斯法罕 負有盛名。不過我還是來了,因為我覺得不管是好的、壞的、有趣的、乏味的......,那都是伊朗眾多面相之一,我都想接觸,而且憑我們刻苦兩人組,把吃苦當作吃補,就算是艱困乏味的地方,我們一樣可以苦中做樂!

黑色印象1 ——交通亂

四貼!
↑

世界上開車技術最好的 driver 應該都到德黑蘭來了吧!他們總能以『公釐』為單位去目測車與車之間的距離,每次過馬路,我都有種快要被撞死的感覺,過完馬路則會覺得如獲重生,因為車子似乎常常向我衝過來,然後在離我 1mm 處緊急煞車,如果是坐在車子裡,就儘情享受雲霄飛車的快感吧!而且這裡的乘客也比駕駛厲害,一部車子可以擠7個人,摩托車還可以四貼......,orz。

黑色印象2 ——空氣髒

德黑蘭這個城市,一年裡大概先有200天的時間,是泡在骯髒空氣裡,罪魁禍首是城市裡的兩百萬輛車子,

因為這些車子中，有很大一部份是老舊的國產 Paykan 車，廢氣量排放問題嚴重，伊朗政府已停掉 Paykan 車的生產線(目前國產車是KIA)，且加緊建設地鐵，期能改善，可是伊朗的油價低廉，所以這些老舊車輛，只要是能動的，仍繼續在路上跑，淘汰速度緩慢，使空氣污染嚴重。

黑色印象 3 ── 垃圾多

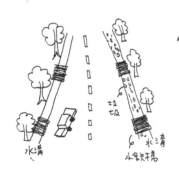

水溝

小垃圾橋

不是只有在德黑蘭，在別的地方也有！

伊朗的馬路邊通常會有水溝，我的旅遊書上有提醒大家要小心這種水溝。走路或開車可能會不小心掉進去。因為這裡的水溝，既未加蓋，也沒有任何護欄。我一直很納悶，在這樣乾燥少雨的國家怎麼會有這麼多水溝？其實這些水溝只是偶爾作為雨水的通路，平常大家會把垃圾、丟、掃進水溝，清潔隊員會在固定時間來清理(原來是垃圾溝!)，另外，水溝會在每日的固定時刻放水，替這個城市增加清涼感，也幫樹木解渴，有些樹木是直接種在水溝裡，只是很糟的是，有些來不及清理的垃圾會隨著放水的水流四處漂送。

黑色印象 4 ── 假警察

護照→

→假警察!

POLICE

旅館人員告訴我們這個城市的假警察很多，會騙觀光客的護照、錢、相機，嗯！德黑蘭的警察指揮交通都來不及了！哪有空檢查觀光客的護照！(可不可以拿假護照騙假警察?)

149 169

出門時，看到有店家在人行道中間放了一盤椰棗，讓路過的人取食，伊朗盛產椰棗，在街上可以看到專售椰棗的店家，我拿了一顆放進嘴裡～嗯～甜絲絲的，聽說營養豐富而且卡路里很高，椰棗有各種不同的品種，晒乾之後呈現深淺不同的顏色，晒乾的椰棗因為攜帶方便，是遊牧民族不可或缺的食物；另外，棗椰樹不需要太多水分就可以在沙漠裡長得很好，它從頭到腳都有不同用途 ex:果實可食、樹幹可做建材、枝葉可做燃料或編織成容器、或者做成掃把！堪稱全身都是寶。沙漠綠洲種植作物是『高低成層』分布，高高的棗椰樹像是張開綠色的傘，為種在低層的瓜果、蔬菜、穀類遮去炙熱的陽光，避免讓底下的作物因過度曝晒而缺水死亡。

整盤端走⋯好想⋯⋯

椰棗 date (敷)

掛在商店的成串椰棗.

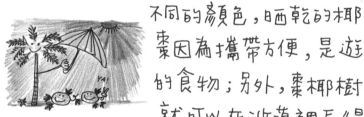

最上層:棗椰樹
中層:果樹
下層:瓜果.穀類、蔬菜.

通常到德黑蘭的目的,是為了看博物館,德黑蘭有許多博物館,例如:Golestan皇宮博物館、伊斯蘭藝術博物館、玻璃陶器博物館、地毯博物館、珠寶博物館……等,夠你看上大半天了,我們去的是『國家博物館』,這裡收藏了許多珍貴的波斯歷史文物,例如在重要帝國遺址『波斯波利斯』(persepolis)

的重要文物 ex:石雕也收藏在館中;『國家博物館』旁邊是伊斯蘭藝術博物館,據說收藏了許多書法、雕刻、波

NATIONAL MUSEUM OF IRAN

➤ 德黑蘭國家博物館的門票,這也是我們在伊朗拿到的第一張門票
(每人4000 Rials)

斯小畫、地毯等伊斯蘭藝術品,可惜正在整修,不得其門而入,好可惜!(因為那是我非常感興趣的領域)。

伊斯蘭信仰是禁酒的,不過在這一點,土耳其開放得多,在土耳其滿容易買到啤酒的,但是伊朗在1979年伊斯蘭革命之後,全面嚴格禁酒,在這裡只能買到『無酒精啤酒』,喝起來不像啤酒,倒像是西打水,帶有麥香,喝多了也不會醉(只會脹!),不過我們有在極少數商店看到特許販賣的『真啤酒』。

ma-osh-shair
(Islamic beer)
伊朗の牌子:DELSTER
每瓶 3500 Rials

假啤酒

啤酒!

Behnoush

另一個不知名牌子

國家博物館所收
藏的可愛動物陶器.

172 IVP

8月4日(五) 閒適 發呆看展覽

又是星期五,當地人休假的日子,街上蕭條冷清得很,
Bazaar (市集)也沒開,不過我們也不想逛那個市集,昨
天去晃了一下,發現它除了『巨大』之外,毫無特色可言,
既不古色古香,攤商也十分混亂。其實應該趁星期五無
法逛街時,搭長途巴士移動到下一個城市去,但是我們
好像染上了一種叫做『懶惰』的病,也許是因為我們
住的guest house有一群整天飄風來盪去、不知在做什麼的
旅人,有的人整天都沒有出門,就在那兒打牌、聊天、煮
東西吃,那些人可能是長途旅行的倦怠感作業吧!他
們移動的範圍愈來愈小,最後只剩自己房間那張長床而
已。

因為怕自己也會染上
叫做『懶惰』的
病,我跟Fish說我
們還是早點出門閒
晃好了!

TEHRAN MUSEUM OF CONTEMPORARY ART (每人4000 Rials)

星期五,真的無處可去,
只能去公園的草皮上躺著,不然就是去博物館,但我
們運氣不好,因為地毯博物館不知去向、攝影中心一
副倒閉貌,最後我們只參觀了『當代美術館』而已,
啥?當代美術館?這種宗教保守嚴謹

的國家的當代藝術能有什麼搞頭？其實我早就想看伊朗現代藝術創作者到底在做些什麼？之前，我曾在網路上瀏覽伊朗藝術家的作品，我覺得他們的現代藝術作品有點無聊，甚至很多都是『複製』別人的想法，談不上創新……；走進當代美術館這座滿有型的建築物，這一季的展覽主題是攝影，由17位攝影師展出不同主題的攝影作品，例如：新聞攝影、肖像攝影、風景攝影、廣告攝影……

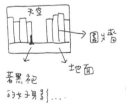

…等；有一部份是有關歷史事件，例：伊斯蘭革命、兩伊戰爭……，看著這些照片，有種很『悲』的情緒，印象很深刻的是一位攝影師以巴勒斯坦的圍牆為主題，拍了十張照片，構圖很有張力，（看著那些照片，不知上個月以色列轟炸黎巴嫩的事件平息了嗎？那裡，真是一塊多事的土地呀！）照片裡的圍牆看起來十分怵目驚心，我想起『美麗天堂』這部電影，敘述的就是以色列與巴勒斯坦的無解難題，隔閡，真不是一朝一夕可

Alfred Yaghoubzadek
Barricade in occupied
Palestine 2004-2005

天空
→圍牆
地面
著黑袍
的女子身影……

174 ۱۷٤

以消除得了的……。

另一樁，我覺得在當代美術館裡看展實在很舒服，既沒有想剝你一層皮的計程車司機、也不怕被太陽晒昏，人又少少的，長長軟軟的沙發任你坐，甚至，還有 冷氣 ！我和Fish都舒服到不想從沙發上爬起來，如果有人問我最舒服的地方是哪裡？我一定會回答：當代美術館，唉～我們兩個可能真的累壞了，這真是旅行以來，最輕鬆的一天。

這樣也行

在德黑蘭，『行』的問題其實不太是個問題！
至少公車滿方便的，這裡還是一樣～『男生坐前面、女生坐後面』，有的公車還用金載欄杆劃分前後區塊，女生下車時，如果要遞票給司機，還得先從後門下車，再走到前門遞票；我們喜歡走路看櫥窗，但好心公車司機一直慢慢開，要載我們，他以為我們沒票不敢搭公車還抓了一把剛剛收的票送給我們❤

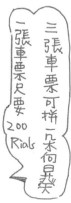

三張車票可搭一次何昱杂
一張車票只要200 Rials

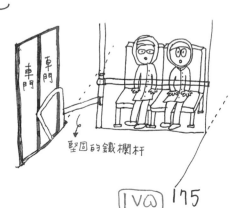

堅固的鐵欄杆

شرکت راه آهن شهری تهران و حومه (مترو)
Tehran Urban & Suburban Railway Co. (Metro)

One Way Ticket   بلیط تک سفره

مسافر گرامی، لطفا بررسی نمایید کدام یک از انواع
بلیط اعتباری مترو برای شما مناسب تر است.

≒750 Rials (有點記不太起來,差不多這樣)

搭地鐵也很方便!
德黑蘭的地鐵預計要完成
九條線,目前只完成(紅)(藍)
(綠)三線,這裡的地鐵是由
中國協助建造的,我們住
的旅館是在地鐵交會點

女性專用

「Imam khomeini 站」附近,交通便
捷,地鐵站裡,是另一個德黑蘭,
乾淨、寬敞、明亮,和地面上的景
象很不相同,這是現代化的地鐵
站,動線規劃非常清楚,(反觀我們的台北車站,實
在是我所見過最混亂的車站,好糟!),這裡的地鐵
設有女生專用車廂,不過,女生還是可以跟自己身邊的男性
一起登上其他車廂,女生專用車廂是設置在列車最前面!

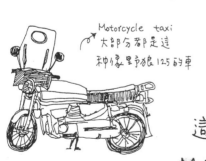

Motorcycle taxi
大部分都是這
種像野狼125的車

計程車在伊朗很常見,不稀奇,
不過,趕時間的時候,車子很
容易陷在像一團醬糊的車陣中,
這時候,(登)(登)(登)...,只有最勇猛的
Motorcycle taxi 可以讓人用同樣價格
卻縮短一半的時間,當我們走在路上,總有一堆機車
在我們身後按喇叭,直嚷著:"Taxi!Taxi!",這些
機車騎士總是等在路邊,準備和顧客一起去飆風車。

176 [١٧٤]

伊朗餐桌上最常見的主食就是 nun (饢，就是麥麵包啦!)，因為我的份內工作是買麵包當早餐或晚餐，所以不知不覺地，就把麥麵包的種類弄得很清楚!

lavash

這種麥麵包非常薄，應該稱為薄餅，做法是很像做胡椒餅那樣，把桿平的麥麵皮往泥爐壁『啪』地貼上去，一下子就熟了，出爐時鬆軟好吃，可是一下子就會冷掉，就變得很脆，通常是用來包著烤肉，或早餐時可以夾著蛋一起吃。

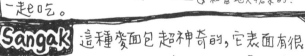

tandir (泥爐)　麵團

麵麵餅是這和當地人搶來的!　我蹲在路

barbari

這種麥麵包比較厚，也比較硬，吃起來脆脆的，有鹹味，上面有灑芝麻，剛出爐時很燙，我都學當地人像掛領帶一樣把麵包掛在手臂上!

Sangak

這種麥麵包超神奇的，它表面有很多小洞，那是因為這種麥麵包的做法很特別，他們把生麵皮用一根長長的工具送進爐子，爐子裡是一大片用小石頭鋪成的『床』，小石頭被下面的爐火烤得發燙，生麵皮貼在石頭床上，一下子就熟了，不過，買這種麥麵包時，顧客得自己用手把上面殘存的小石頭挑掉!

taftun

這種麵包表面的地方有規則的紋路，他們桿平麵皮之後，會用一種像滾輪的工具按壓紋路

8月5日(六) 探訪玫瑰水之鄉 —kashan(卡尚)

TEHRAN
Kashan
約4hr,每人 220000
Rials (≒NT.77)
坐最高級的
volvo車,冷氣強,
有發飲料.点
心。

會想到 kashan,完全是衝著 玫瑰水 (Golab)來的,伊朗的國花 正是玫瑰,伊朗人超愛使用玫瑰水,冰品、甜點加入玫瑰水調味、女生身上散發玫瑰淡淡香氣、就連走在市集的街道,都會發現人們將加了玫瑰水的水潑灑在地上,消暑氣之餘,也使得香氣瀰漫。

我們所到的 kashan,是伊朗著名的玫瑰水之鄉,傳說中,回教先知穆罕默德將他的一滴汗滴落在玫瑰上,從此後,這種玫瑰就有著其他玫瑰所沒有的獨特香氣,而 kashan 這一帶所生產的,正是先知所鍾愛的玫瑰品種;回教徒認為玫瑰水有『潔淨』的效用。
在抵達 kashan之前,我幻想著這裡應該有一大片美麗的玫瑰花園吧!可是,我一定是童話故事看太多了,以致於陷入不切實際的幻想,因為 kashan 熱浪襲人,這個乾熱的鬼小鎮哪裡來的玫瑰花園啊!我只看到市集的

双人房(無衛浴)
一間 15 000 Rials
(在 Bazaar 旁)

Golestan Inn.
Darvaze Dolat sq.
kashan.
Iran
Tel: (0361) 4446793

مهمانپذیر گلستان
کاشان، دروازه دولت
(۰۳۶۱) ۴۴۴۶۷۹۳ :

商店裡玫瑰水一字排開,還有,旅館的椅套和被套上有無數的玫瑰花圖案。

商店裡賣的玫瑰水是透明無色的，有的用綠色大玻璃瓶裝著，有的用很像礦泉水瓶子的塑膠瓶裝著，老闆說，『可食用』玫瑰水可依一定比例加入開水飲用，滿口生香，加入糕點甜食中做為烹飪時的調味也可，我覺得，玫瑰水具有神奇的魔力～變香香的魔力，不過吃那些加了玫瑰水的甜點好像在吃香水。

沒有看見半朵玫瑰，也沒看到製作玫瑰水的過程，實在不死心，難道來這裡就只是要吃玫瑰水甜點嗎？我看了地圖，此地受山脈阻擋，乾燥少雨，唯一有可能有玫瑰花的地方應該是山中小鎮，因為只有高大的山脈才能阻擋水汽，滋潤玫瑰花田；我帶了地圖去問附近的 sayyah 旅館老闆(他的英文比較好!)，嘿！印證了我的想法。

老闆說，在 kashan 南方的小城 Ghamsar 產玫瑰花水，不過如果想參觀花田及玫瑰水製造過程，也可就近到附近的 Azeran 小村莊，不過老闆說我現在去是看不到的，因為每年的 5月22日～6月21日 (波斯的 khordad 月)才是盛產季節，那時家家戶戶都忙著製做玫瑰水；呵～雖然無法看到，不過，我還是把之前在新聞上看到的玫瑰水提煉方法畫成圖，老闆說：『對！是這樣做的！』

1° 大金鍋內裝滿水及玫瑰花瓣!

2° 加熱，鍋內蒸汽會沿管子上升，再進入裝了水的罐子，罐內就產生香香的玫瑰水。

Iva　179

雖然沒有看到玫瑰花園，不過 Kashan 其實是一個可愛的小地方，它自古繁盛，以出產地毯、絲綢、彩釉瓷磚等聞名，我們就住在市集旁邊，這個市集小小的，賣的全是當地的日常用品，此地觀光客很少，所以不會予人觀光化的感覺，正午時分，外頭的陽光毒辣，我們走在市集內的加蓋甬道中，格外陰涼，商店在中午都拉下鐵門休息，我們安安靜靜地欣賞市集中由 Hammam (浴室) 改建的茶館，以及清真寺，偶爾會傳來遠處兒童的嬉鬧聲，打破一缸子的寧靜。我們爬到屋

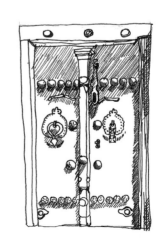

⌒天窗！

頂上，去看市集建築的屋頂模樣，這裡乾燥少雨，屋子全是用泥磚砌成，走進屋子裡，看到屋頂是拱形，爬到高處一看，一個個圓形屋頂，排排站，就像是波浪一樣高低起伏，十分可愛。

古建築群集中在市區南方，那裡有很多泥磚砌成的舊屋，特別是從前富商蓋的深宅大院，從這些精雕細琢的傳統波斯建築裡可以找尋此地昔日繁景的痕跡。

比較吸引人的是舊城區古樸的門窗，嘿！仔細瞧瞧，左右兩扇門上的門把不盡相同，

> 左邊門把：環狀空心
> 右邊門把：長條狀實心
> 為什麼呢？

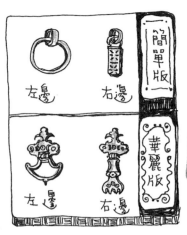

左邊　　右邊　【簡單版】

左邊　　右邊　【華麗版】

這樣的門把設計據說與伊朗嚴格的男女份際有關，因為如果有人來敲門的話，可以根據敲門聲音大小來判別來者是男是女？

左門把：給女生用的，敲擊出的聲音較小
右門把：給男生用的，敲擊出的聲音較大

因此，可以判別，而讓家裡的男生或女眷去應門，不會使男女生互相接觸，而產生尷尬的局面！哇！好聰明的設計。

(Khan e Tabatabei 的門票 (每人3500 Rials)
招 house

我們還參觀了一處富商的深宅大院，它已經整修過了，但卻也有保留建築物原來的面貌，可以一窺波斯建築的設計樣貌，呵！這應該就是古代的『豪宅』！在門票中印刷的建築物只是其中一角，那美麗繽紛的玻璃花窗穿插在屋子裡的某個角落，給人轉角的驚喜。

隨處可見精美雕刻

哇

從豪宅裡的設施還可以想像古時的生活，這兒起居室、書房、廚房、傭人房、花園水井一應俱全。

8月6日(日) Abyaneh 阿比亞內 一日遊

Abyaneh
一個伊朗中部山谷裡的小鎮

Abyaneh是伊朗中部一個奇異而多彩的小鎮,距離 Kashan 82km,車程約1小時,不同於沿途的乾荒,這個座落在山谷中的小鎮吸足了水氣,一片綠意盎然,有一條可愛的小溪蜿蜒著歌唱而過,當地人很喜歡到小溪裡戲水消暑,當風兒吹起時,小溪旁成排的白楊樹就會搖擺起身子,舞影婆娑。

 ## Abyaneh攻略

Kashan
82km
↓
Abyaneh

包計程車去最方便,相信我,連賣椰棗的老闆都這樣說,因為前往Abyaneh的巴士不但時間不固定,而且還要轉車!

8:00AM ── 1hr / 82km → 9:00AM ── 停留3hr 自由活動 → 12:00 ── 1hr / 82Km → 13:00

由kashan出發   抵達Abyaneh   由Abyaneh離開   回到Kashan

這個行程,我們住的Hotel老闆收了我們120000 Rials,原本他還獅子大開口160000Rials,好在香港人poon有告訴過我價格,所以我殺價了,可是我們又再度碰到那個約旦背包客,他說他住的SAYYAH HOTEL 包車只要90000Rials,哀,又被坑!

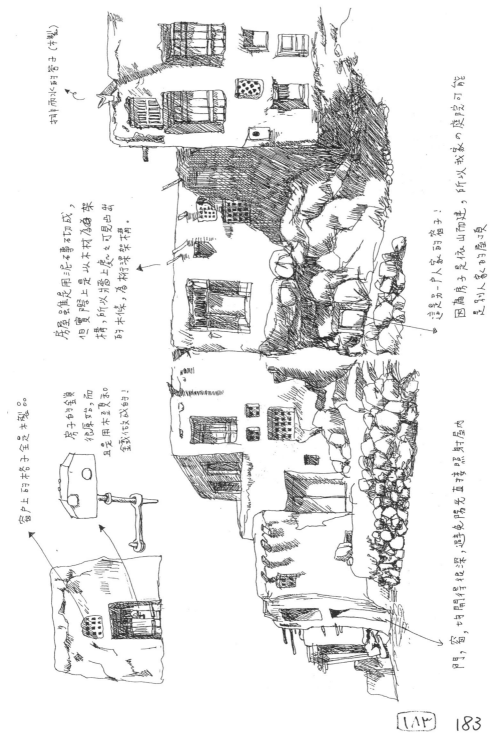

我和Fish原本想乾脆住到Abyaneh算了，因為我們2個懶蟲都很喜歡悠哉的小鎮，可是一想到交通不便、而且聽說鎮上只有一間貴貴旅館，我們就打消念頭，決定包一日遊的行程就好，但是今天到了Abyaneh，才發現大失策，這麼美的小鎮，應該住下來才對，只能停3小時，害我画画好趕。

此地的服裝和一般伊朗人的穿著有一點點不同，男生是穿一種褲腳寬鬆、看起來很像喇叭褲的褲子（應該很涼、走路有風吧！挺有趣的！），女生的頭巾不是黑色，而是印有彩色玫瑰花圖案，身上的衣服也是有彩色圖案，著黑裙，她們是山谷裡最絢麗多彩的風景 ＊＾＿＾＊

李子！

這裡的道路中間都會刻意挖出一條低低的溝，而且溝裡面還會偶爾看到動物的便便，後來，我看見阿婆騎著小驢子走過，才恍然大悟，原來這是『驢子路！』，小驢子踢踢踏踏地走過，阿婆順手從旁邊的桶子裡抓走一把東西，微笑著遞給我，哇！原來是剛剛才採的新鮮李子，甜中微酸的李子，滋味真棒。

184 ３١١

這麼可愛的小鎮，我們竟只待 3 小時，應該要住在這裡，
然後去小溪泡腳、吃李子才對，約定的時間一到，我們才依
依不捨地準備向小鎮說再見，卻發現自己迷路了，像
鬼打牆似地一直找不到出路，還好當地小朋友十分熟悉地
形，帶我們在那些看起來幾乎一模一樣的房子裡穿來穿去，
總算回到小鎮的大門口了，我給了小朋友兩枝筆，一枝給她，
一枝給她旁邊的小弟弟，他們用力地揮手，目送我們離開。

傍晚，太陽的熱力總算稍微退了，
我們坐巴士去傳說中的 Fin Garden，據
說這座庭園是典型的波斯花園，
園內有很多天然湧出的泉水，共有170
個泉眼，灌溉著園內扶疏的花木，
我們期待著泉水可以讓我們清涼
一下，所以決定前往，因為我們已
經快被晒成烤焦麵包了！但是
，沒想到它兩光的程度，好比是
台灣的秋茂園，我們泡了腳之

↳去 Fin Garden 搭 mini bus 的車票

後，就匆匆返回了，嗯！原來風景明信片、書上的敘述都是騙
人的，唯一可取之處就在於因為它是觀光勝地，所以它的
外面全是小吃店，快被漢堡逼瘋的人可以來這兒打牙祭，
回程途中，又去了網咖。這裡的網咖設備好先進，
我下載了 skype 打電話給媽媽，以免她以為我失蹤。 ⌐1八の⌐ 185

8月7日(一) 巴士驚心之旅

摩托車後座必備置物袋!

(大的) 50000 Rials

(小的) 40000 Rials

我們常常看到當地的摩托車或腳踏車在後座放置色彩繽紛的置物袋,這種置物袋我在土耳其旅行時也曾看過,是用羊毛編織的,花色圖案很美,可是重量不輕,口袋有兩側開口,因為這種有雙邊口袋的置物袋其實是馬或驢子在用的;到了伊朗,倒是看到當地人把驢袋掛在摩托車或腳踏車上使用,挺實用的,而且這裡的驢袋是用棉線編織的,比較輕,價格也便宜,購物女王,不,應稱為『雜貨女王—Fish』買了一大一小,她說大的給機車用,小的給腳踏車用,呵~我想她應該是全台灣第一個使用驢袋上街買東西的人!

在市集等待Fish挑選驢袋時,我隨便拿著相機亂拍,但一個不小心,威風凜凜的教士不小心被我拍到了,(我不是故意要拍他,是他自己突然走進我的鏡頭中!但Fish說我會被抓去關:)教士在此是享有威望的,他們身著米色長袍、黑色披風,

頭部則纏著黑色頭巾，走路有風（披風還會飄喔！），行經之處，眾人莫不露出敬畏的神情！

特效強力鞋膠

修鞋阿公

旁有堆積如山的鞋子！

peiyu

書本

旁邊有另一個阿公也伸手幫忙拉住書皮，協助進行維修！

另外，我的 lonely planet 旅遊書，因為我動作粗魯，使它不堪蹂躪，而呈現書皮與本體分離的可憐情況，可是我沒有強力膠可以黏住它，但是今天在市集遇見一個阿公的修鞋攤子，嘿！可以請阿公用黏鞋底的膠幫我黏書啊！我舉起『殘廢』的書詢問阿公，阿公做了一個 ok 的手勢，我趕緊把書遞過去，沒想到阿公竟然拿釘子要釘下去😑，"No, No, No" 我趕緊阻止，另一位阿公也來幫忙阻止，應該是用強力鞋膠才對啦！經過阿公們的鼎力相助，我的旅遊書撐到月底應該沒問題。

我們今天的行程是要從 Kashan 移動到 Yazd，其實從 Kashan 移動到 Yazd 並不順路，因為這裡的巴士總站並沒有前往 Yazd 的巴士，火車也只有半夜才停靠 Kashan（但夜晚外出，對我們而言，太危險！），相反地，如果按照原先計畫，從 Kashan 去 Esfahan（伊斯法罕），車次多到不行，但是因為我月底必須坐國際巴士回伊斯坦堡，從 Esfahan 才有國際巴士可以搭，而且 Esfahan 的市集很大，可以大採購，所

以 我想把 Esfahan 排在旅程最後一站，決定改變路線，先去 Yazd (亞茲德)！但是，沒車可搭，怎麼辦？好在附近的 SAYYAH 旅館的熱心計程車司機幫我們想出一招！他說包在他身上，一定有車可以搭！

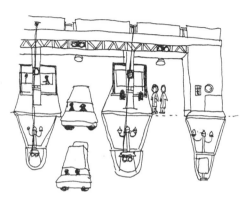

異想天開的司機竟然逆向行駛高速公路路肩，把我們載到一個收費站，然後請收費員和交通警察幫我們注意是否有從德黑蘭開往 Yazd 的長途巴士通過這個收費站……，嘿！在收費站等巴士，真是被打敗了，所有經過的汽車都覺得我們兩個很新奇，看得忘記踩油門前進，竟然還造成交通阻塞。

在收費員及交通警察的協助下，我們成功地被塞進一輛僅剩 2 個空位的巴士中，我們的座位在最後一排，我稍微用目光搜尋了一下，才發現我和 Fish 是這輛巴士上唯二的女性乘客，我猜這輛巴士應該是從德黑蘭出發，要開往 Kerman，或離巴基斯坦邊境不遠的 Zahedan，因為車上坐了一些巴基斯坦人、以及一些帶了護照的伊朗人，可能是要通關前往巴基斯坦，

kashan
共6小時，Yazd
每人 30000 Rials

車上一雙雙窺探我們的眼睛，老實說，像是要把人生吞活剝似地，讓我們渾身不舒服，我只好閉目養神，假裝什麼也沒看到……；坐車超過五個小時之後，我開始密切注意車窗外任何有關地名的英文字（我看不懂波斯文！），在通過一棟很像寫有 "Yazd" 的建築物之後，很久很久，車子一直沒有要停下來的跡象，景物愈來愈荒涼，我安慰自己：『巴士總站通常設在郊外！』，但我心中的疑慮愈來愈深，我忍不住問隔壁的乘客："Yazd？"，但他卻表示 Yazd 早就過了，天哪！我真想尖叫，附近的乘客一齊吹口哨、叫喊，要司機馬上停車，我天真地以為司機會掉頭把我們載回 Yazd 的巴士站，但他卻請人把我們的行李提下車，他要我們到對面車道，往回走，如果有往 Yazd 的車，就攔便車坐！天哪！這群人真是瘋了，竟然把我們丟在景色荒涼的沙漠公路上，我只好硬著頭皮穿越公路，拖著行李往回走……，但是已經

晚上六點半了，天都快黑了，看樣子，不攔便車不行了！外出旅行時，為了安全，我很少搭便車，我在腦中快速溫習著朋友叮嚀我的『搭便車安全守則』

寂寞公路長又長，
悲慘二人組
衰神附身！

☀ 最好避免單獨搭便車
☀ 攔便車時，最好是車上也有其他女性乘客，如果車上乘客是那種有爸媽、小孩子的家庭組合，會比較安全一點……

在我們幾次向呼嘯而過的車子招手之後，終於……，有一輛

車子停下來了，司機問我要去哪兒？我回答：『Yazd 的 Jameh Mosque（星期五 清真寺）！他說順路，沒問題！』，上了車之後，我才發現後座那個長髮的黑衣人，其實是個男的！（原來我攔車時，沒看清楚，以為是穿黑袍的女人！），但他們三個男人似乎不是壞人，我故做鎮定地和他們閒聊，但絲毫不敢鬆弛戒心，但就在他們問了我們一些<u>私人問題</u>，我『很專業地』表示自己已經38歲，結婚了！丈夫在台灣當工程師賺錢，還有3個小孩...』，Fish也胡謅一套說詞，哼！這些人竟馬上改口說 <u>星期五清真寺太遠，不順路，只能送我們到巴士總站，叫我們改搭計程車！</u> **吼！太現實了吧！** 知道我們已婚，就不載了！

儘管如此，他們還是幫我們在巴士總站叫了一輛計程車。

SILK ROAD HOTEL
› Traditional Hotel
› Single and double rooms
› In middle of the old town
› Air-conditioned
› Central Heating
› Court yard
› Terrace with old city and mosque view
› Restaurant: Iranian, Indian & Mediterranean
› Veg & Non-veg food

No. 5, Tel-e Khakestary Alley, Masjed-e Jaame St, YAZD-IRAN
Tel : +98 351 625 27 30   Fax: +98 351 621 77 03
E-mail: silkroad_hotel@yahoo.com   URL: www.silkroad_hotel.ir

Masjed-e Jaame
Silk Road Hotel

BAZAR BAZAR

Imam Khomaini St.   Imam Khomaini St.

1 2

Mir Chaqmaq
1. Melli Bank
2. Post Office

雙人房（with breakfast）260000 Rials
　　　 （without breakfast）220000 Rials
　　　（住三天以上，附早餐打折為220000 Rials
（另有 dormitory，平價消費高級享受）
24小時空調、熱水.房內有衛浴.冰箱等

抵達星期五清真寺時，結束了今天的驚嚇之旅，我和Fish簡直是身心俱疲，我再也無力去和古城裡的迷宮巷子奮戰，去找另一間朋友介紹的 Kohan Kashane（Tel：6210928），那間比較難找，累斃了的我，在第一秒鐘就決定住在離星期五清真寺門口不遠的 Silk Road Hotel（絲路旅館）。

8月8日(二) Yazd 古城漫步

我們住的這間Hotel,對我們兩個邋遢鬼而言,是高級享受,它是由古老大宅院改建而成,我之前就計畫一定要住

一次『有特色』的旅館,這間旅館可以讓我好好觀察大宅院的建築形式,而且疲倦的我們也需要慰勞自己一下!

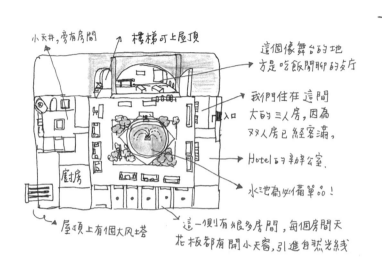

小天井,房有房間
樓梯可上屋頂
這個像舞台的地方是吃飯閒聊的餐庁
我們住在這間大的三人房,因為雙人房已經客滿。
入口
Hotel的辦公室。
廚房
水池也為必備單品!
屋頂上有個大風塔
這一側有娘多房間,每個房間天花板都有開小天窗,引進自然光線

画於 silk road Hotel 的中庭水池,有世隔絕的天堂。

這一帶氣候乾熱，樹木稀少，所以使用晒乾的泥磚蓋房子，就地取材，可以節省金錢，仔細觀察旅館及附近古城巷弄的房屋，可以發現建築為適應氣候所產生的差異。

超厚土牆

這裡的街道兩旁全是高大的厚土牆，偶爾見到一扇小門，鮮少見到窗戶，不對外開窗，並不全然是為防盜，事實上，加厚土牆及少開窗，可以遮住炎熱陽光，也可以阻擋屋外的熱氣進入。

厚牆　門　向下樓梯　住地下住宅　天窗　地下住宅　厚牆　阻擋熱風!　地面

住宅通常是建在地下，在炎熱的夏天，躲在地下室會覺得涼爽舒適，所有的房間都對著中庭敞開門窗，中庭會挖一個水池，不但可以儲水，而且可以增加清涼的感覺。

即使氣候乾燥，但偶爾還是會下一點雨，這裡也可以看見一些防止雨水侵害的建築小撇步。

在土牆上可見到排水管，當雨降落在屋頂或牆面上，會順著排水孔及排水管引至地面，減少雨水對土牆的侵害。

另外，在土屋的牆面上，總會有幾根凸出的細小木杆枝，很明顯地，這些樹枝是房屋的桁樑結構的一部份，但這可不是工匠蓋完房子後忘記修整清理，這些凸出的樹枝凸出於建築物兩側，目的是『便於導水』，下雨時，雨水會受樹枝引導而流下，就不會沿牆面流下，造成牆面侵蝕。

這裡常見『圓頭』土屋，是考慮到土牆的承重問題，因為房屋用泥磚砌成，有倒塌之虞，因此愈向上砌、面積愈縮小，所以形成圓頂。

爬到高處觀察 Yazd 古城，會發現附近人家的屋頂上矗立著大大小小的『泥箱子』，這個東西叫做 badgir，風塔，是沙漠裡的絕妙發明，它其實是一種天然空調設備！風塔樹立在高處，表面有許多間隙，可以捕捉微風，風塔下方通常設有水池，捕捉到的微風順勢被引入水池，空氣逐漸變得涼冷，冷卻的空氣較重，向下導入房間，房間裡頓覺涼爽，至於逐漸受熱的空氣變得較輕，同時也被引入的冷空氣推擠上升，而逸出屋外，這是利用冷熱循環的原理，愈有錢的人家，風塔的尺寸愈大，冷卻的效果愈好，所以，可以由風塔大小來判別財富多寡。

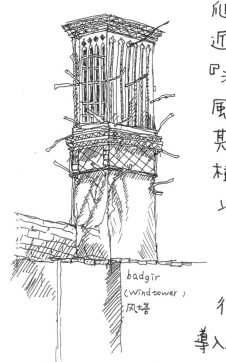

badgir
(windtower)
风塔

這張門票是登上Amir Chakhmaq Mosque 看夕陽的門票 (一張 3000 Rials, 門票中的清真寺圖案就是 Amir Chakhmaq Mosque), 這算是 Yazd 市區的制高點, 每天都有很多人來看夕陽, 順便欣賞整個市區泥屋群風貌, 只是上頂樓的迴旋梯又窄又陡, 懼高的我, 嚇得腿軟……。

在古城小巷中, 我曾看見 Zurkhaneh (力之家) 的招牌, 這是伊朗男性的健身俱樂部, 外國女生也可入內參觀, 不過這種武術的練習及表演通常在晚上進行, 而古城小巷宛若迷宮, 絕不是打繩結做記號所能克服, 加上我們好幾次在小巷中被跟蹤, 為了安全起見只好放棄; 但我今天在漢堡店問阿公有無知道其他 Zurkhaneh?

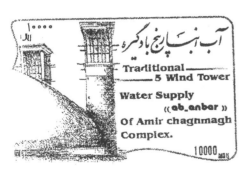

→ 到伊朗傳統健身俱樂部 Zurkhaneh 看傳統武術行表演。門票一張 10000 Rials

經過我們努力畫怪小人運動圖、又表演動作 (好白癡的運動動作!), 阿公報給我們一間大馬路旁的 Zurkhaneh, 就在我們看夕陽的 Amir chakhmaq Mosque 附近, 它原本是個有五個風塔的蓄水池, 改建成健身俱樂部。

Zurkhaneh 的內部陳設及動作大解析：

鐺！

Tombak（頓巴克，一種陶製皮面的打擊樂器）

看台上的人是進行所有強健身心儀式的總指揮，他演奏樂器，並吟唱伊朗詩人 Hafez（哈菲茲）的名作，鼓聲頻傳，引領眾人吶喊唱和，十分雄壯威武。

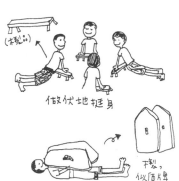

（在鞍山）

做伏地挺身

一個躺在地上的人，不斷地開合2塊大木板。

下裂，似屬肩身

撐甩鐵鍊

有的人腰上綁那布裹紅色布條

傳統民俗服裝

撐舞粗重棍棒，

迴旋舞蹈

195

8月9日 (三) 拜火教行程

今天的行程完全和拜火教有關,其實這也是我們到 Yazd 的目的,在阿拉伯人將伊斯蘭教帶入波斯之前,袄教 (音:吾,也就是拜火教) 是此地興盛的宗教,西方世界稱袄教為 Zoroastrianism,源自於此教創始者『瑣羅亞斯德』,而『阿維史陀』(Avesta) 為袄教聖典,波斯第一帝國阿契梅尼德王朝(Achamenics)、第二帝國薩珊王朝 (Sassanians) 皆以此為國教;這個宗教主張善惡二元論,認為光明之神阿胡拉·馬茲達 (Ahura Mazda) 與黑暗之神之間的戰鬥永不停息;我們步行到市區東南角的拜火教神廟(Ateshkadeh) 也就是 fire temple,神殿很樸素,建築中央上方有袄教的鳥人圖騰。

此圓環象徵忠誠,有人說這是結婚戒指意義的源由,不知道是不是真的!

由中央向兩邊伸展的羽毛分三層,象徵三大教條:要正確誠懇地思考,說話及行動

善良的光明之神阿胡拉·馬茲達的『鳥人』圖騰.

在神廟的內部，有一大片玻璃，玻璃後方有一大盆熊熊烈火，此聖火據說從西元470年點燃至今，依然不滅。歷史上記載著，當阿拉伯人帶來伊斯蘭教，拜火教在波斯逐漸式微，現在伊朗土境內的拜火教徒大部份是住在 Yazd 附近，然教徒人數逐漸凋零，唯有聖火仍繼續燃燒著，當地人告訴我們，Yazd 的拜火教徒大部份是住在拜火神廟附近，其頭巾及服裝花色和伊斯蘭教徒有很大的不同，可惜我們並未見到。

vultures
禿鷹

根據祆教徒的信仰，大自然是由四大元素 ──土地、空氣、水、火組成，必須保持此四元素的純淨，不可污染之，所以祆教徒死後，不採取土葬，也不採取火葬，而是鳥葬 ──將屍體置於寂靜之塔（Towers of silence）中，由兀鷹啄食清理。

我在妹尾河童的『窺看印度』一書中，看過他繪製的寂靜之塔剖面圖，聽說在 Yazd 近郊山頂也有兩座寂靜之塔，旅館的人一直遊說我們去包他們的 Chak chak（查克查克，意為滴答滴答！為另一拜火教聖地）行程（一車15000Rials）及寂靜之塔行程（一車30000 Rials），但有個韓國背包客翻譯了留言本上的韓文留言給我，教我如何搭公車去寂靜之塔。

→ 眼鏡歪歪的！

搞笑韓國人穿著他在埃及買來的衣帽，像中東怪客，害我忍不住一直笑...笑...笑...我知道這樣很沒禮貌！

寂靜之塔 Towers of silence 攻略

我們住的
silk road
Hotel

Emam Khomeini St.

Beheshti sq.

● Ateshkadeh
(Fire temple,
拜火教神廟)

Ayatollah Kashani St.

左,右各一座!
寂靜之塔

Abouzar
Sq.

1° 步行到 Beheshti 廣場, 搭上往 Abouzar
廣場方向的公車, (車資每人 200 Rials, 必須購
票, 可向車上乘客買!) 通常這個方向的公
車的終點站是 Abouzar 廣場, 所以
坐到終點站即可。

2° 在 Abouzar 廣場換車, 換前往"
Dakhmeh-ye-Zartoshtiyun (此乃寂
靜之塔的波斯語)的車, 不過只要
一直對路人重複" Dakhmeh "這個
字 (發音為: 'da ha'men), 他們就懂了,
(據說 ۲۱٩ (219) 或 ۲۲٩ (229) 號公車都可
到, 我搭的是 219 號公車, 車資每人 300 Rials,
可向司機買票!)

3° 坐上車之後, 注意兩旁景觀變化, 等到看
到兩座光禿禿的山。山上有塔, 就到了!

這種鬼地方,大概只有我們這種無聊觀光客才會來,下車
時, 其他乘客都在笑, 司機還指著遙遠的前方, 表示山很
高, 塔很遠, 天氣很熱, 要我們自求多福, 計程車不斷
地在身後叭叭
叭, 哼! 省錢二
人組仍決定要
自己走上去!

塔の入口

Peiyu 踩著別人的背爬寂靜之塔!

→可憐的日本背包客

這裡有種蒼涼的蕭瑟感,右邊山頂上的土塔早就封死了,而鍥而不捨的我們又直攻左邊那座山的山頂,無奈的是,左方山頂上的塔口雖未封死,但塔口高不可攀,我只好放棄,但碰巧來了法國及日本背包客,很熱心地要助我一臂之力,呼!希望日本背包客的背不要被我和 Fish 踩斷才好!我成

功登上寂靜之塔,才發現──裡面不過是一個丟滿垃圾的大坑!伊朗政府早已禁止袄教徒的鳥葬儀式,這兩座塔早已廢棄多年,現在袄教徒改用土葬的方式,不過會用混凝土密封棺木,以免污染土地,山腳下不遠處就有袄教徒墓園(Zoroastrian cemetery of Yazd)。

Yazd 市區

巴士會經過這兒 ←

Zoroastrian cemetery
這是袄教徒的現代化墳墓,可看到很多墓碑

風塔

蓄水池

從山頂上向下望,山腳下是昔日死者家屬等待清理屍骨的休息室,廚房,廁所,以及一個矗立2個風塔的蓄水池

這塊大石頭簡直像是鐵板燒!

我坐在寂靜之塔旁畫山下的風景,山頂上除了塔,沒有任何草或樹,正午的太陽簡直要把我烤焦了!

8月10日 (四) Meybod (梅巴德) 一日遊

Yazd是沙漠的起點, 天氣酷熱難耐, 在這裡, 我開始懂得不要再抱怨身上的長衫或嫌棄頭巾的累贅, 在乾熱的環境中行走, 我覺得這裡應該有40°C吧! 我全身的水份像是被吸乾似地, 連風也是熱的, 熱風打在身上, 十分刺痛, 所以必須用頭巾、長衫覆蓋肌膚, 我甚至將頭巾包住了整張臉, 只露出眼睛, 只為避開灼熱的陽光! 所以, 別再用藐視女權那種自以為是的眼光來評斷這兒的女性服裝, 至少, 就氣候而言, 戴頭巾、穿長衫是有其功能性的。

昨天在『水博物館』(Yazd Water Museum) 參觀坎井設施, 博物館的管理員我們可以包他的行程, 他可以帶我們去看高山上真正的坎井, 並且深入地下去走一小段, 我猜他是用這種方式賺外快, 畢竟當地人薪水微薄, 不過我們<u>省錢二人組</u>最後還是沒包他的坎井行程, 只買了一片坎井的VCD, 但我對他提到的 Meybod 這個地名很有興趣, 想去看看冰屋、鴿塔、石榴堡及古驛站設施, 據說沿途上也可以看到坎井呢! 省錢兩人組決定自己搭 minibus 去!

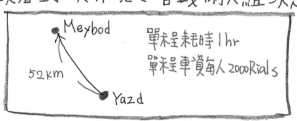

單程耗時 1hr
單程車資每人 2000Rials

Meybod
52km
Yazd

我們兩個傻蛋連一張地圖也沒有, 就興沖沖跑去 Meybod, 好險遇到一個會講英文的當

2° SHAH ABBASI ROUSTAN (old post office) 郵馬驛站.

3° NARINGHALEH (Narein Castle) 石榴堡

圓環

1° YAKHCHAL (ice house) 冰屋

4° KABOTAR (bird tower) 鴿塔

地人幫我們把重要景點畫成簡圖，讓我們按圖慢慢玩，還有人幫我們叫計程車(因景點距離太遠)，不放心之餘，那人還騎機車跟在計程車後面全程保護兼解說。

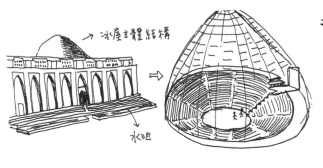

→ 冰屋主體結構

水池

冰屋就是古代的冰庫，冬季時，冰屋前方水池結冰，把冰塊移到屋內，擔心氣候變暖時冰塊會溶化，

於是會在冰上鋪上一層稻草隔熱，嗯！夏天時，就有冰塊用了！

郵馬驛站就是古時候的郵局，當時以飛馬傳書，每隔一段距離，設有一站，備有驛馬傳送公文，公文一旦到達，立即換馬飛送，一刻也不耽擱，可以想見昔日波斯帝國交通之發達，在這個郵馬驛站，至今仍可見到坎井的活水湧出，聽說，從前的馬兒，還拴在坎井出水口處喝水呢！

石榴堡只是個舊堡壘，而且因為缺乏維護，感覺上好像我多踏幾步，土牆就會碎掉！

在伊朗的路邊常可見到大水壺或大水箱，供人免費飲水，因為水源珍貴，所以必須共享，這種古式陶壺，熱氣可由壺本身的氣孔散失，使壺內的水保持清涼。

以前的人會修建大型鴿土塔,除了享用美味的鴿肉之外,鴿糞還可以做肥料,鴿土塔建得像碉堡似地高大氣派,並開窗讓鴿子方便進出,鴿塔內部牆面上還有成千上百個小洞,供鴿子棲息,不過,現今的鴿塔僅作觀光之用!

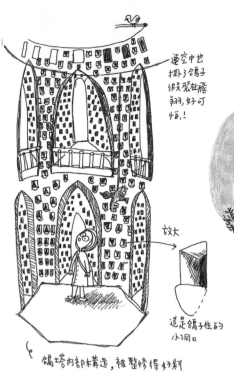

連空中也掛了鴿子,假裝在飛翔,好可怕!

鴿塔內部構造,被整修得好新

放大

這是鴿子住的小洞口

他們為求逼真,竟在洞口放了逼真的假鴿子

外觀

經過整修的全新鴿子塔

在 Yazd 與 Meybod 的路途中,我看到一個個像火山口似的土堆點綴地表,那些「火山口」,其實就是挖掘 Qanat (坎井) 的水井洞穴,每一個水井洞穴之間都有地底水渠互通,挖掘出的泥沙堆在井口周圍,看起來像一座小火山。坎井這種灌溉方式是北非、西亞至新疆等乾燥地區居民賴以維生的命脈 (在北非被稱做活加拉,新疆稱之為坎兒井);我曾在馬可波羅遊記中讀過,他在 kerman (克爾曼,伊朗東南方沙

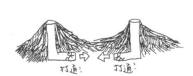

土石堆於井口 (周圍可防止風沙阻塞)

打通! 打通!

漠城市)苦行，見到地下伏流的情景：『......經行此三日沙漠以後，見一清流。流行地下，沿流地面，有穴可以見之。水量甚大，並以此飲其牲畜。』(出處：馬可波羅行紀，商務出版)

這段文字很明顯是在描寫坎井，坎井在伊朗，是存在至少2000年的智慧，人們挖掘綿長的地下渠道，將高山雪水所形成的珍貴地下水源引進綠洲，沒有坎井，就沒有那些綠油油的農田與果園。

PEIYU的地理教室～坎井

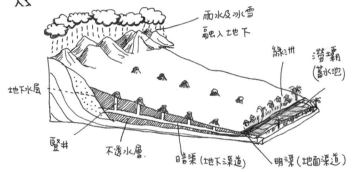

水源：來自高山雨雪滲入地下所形成的地下水。

功能：在地底挖掘隧道式水渠，可減少蒸發，防止風沙阻塞。

主要構造：由 豎井、暗渠、明渠、澇壩 四部分組成

豎井：功用為通風、定向，並可做為定期維修、疏通土石的通道，故井口寬度必須至少能容納一人身軀通過。

暗渠：即地下渠道，上游建於地下水層，便於水的滲入，下游建於不透水層，以防止滲漏；暗渠呈傾斜狀態，水才能流動其中，因此在挖掘暗渠時，必須謹慎準確地測量地勢高度差，由兩個水井洞穴同時開挖，務求兩端隧道準確銜接。

明渠：即地面渠道，從暗渠出口到澇壩，或由暗渠出口到農田之間的流道稱為明渠。

澇壩：為蓄水池，周圍為綠洲，有時地面渠道直接被引用，則無澇壩

可惜今日很多用改用馬達抽水，使地下水面下降，坎井枯竭。ㄚㄚ 203

省錢二人組雖然没有包博物館管理阿伯的行程，但昨天阿伯還是很盡力地告訴我們關於坎井的小常識。修建一條坎井要花費鉅資，普通小農根本負擔不起，但一些想擴張土地的有錢人會把修建坎井當成一種投資，只要賭注下對了，就可以成為廣大農地的所有者，這很像現代有錢人在投資股票或房地產！因為水源很珍貴，所以關於水源的使用、修復、疏通等，都有法律加以管理，例如：在水源分配方面，農田必須輪流放水，要怎樣分配才公

Be sure of the time of the farmer's share of water.

小碗，底部有一個小洞

大碗

算盤似的玉珠子

平呢？他們使用一種特殊的計算工具，以大碗盛水，再放進小碗，小碗底部有一個小洞，水會慢慢充滿之，裝滿一碗水需12分鐘，每裝滿一碗，就把珠子往側邊撥一顆，如此反覆進行

每裝滿5碗(5x12=60分鐘)就是1小時，由此計算配水時間，並加以收費。

負責挖掘、維修坎井是高風險職業，極有可能遭逢土石塌陷而喪命，所以以前的坎井工人都是穿白色衣服，除了便於在黑暗中辨識彼此的位置之外，另外是因為他們隨時準備面對死亡，而白色衣物是為殮葬做準備。

蓄水池

風塔

在坎井末端，通常會建造地下蓄水池，這種蓄水池通常會伴隨著幾座具冷卻作用的風塔！

更多坎井知識在 http://www.qanat.info/en/museam.php

3.1

8月11日 (五) 躺在『天堂』裡做夢

英文的 "paradise" (天堂) 這個字，
其實是從波斯文演變而來，
很久以前，波斯人
就開始用牆圍
起一塊地，在裡
面栽植花木果
樹，波斯花園
的靈魂在水和
樹，他們以縱
、橫兩條直線
把園林分成四
區，猶如『田』
字，『4』這個
數字在伊斯蘭
教中具有神聖

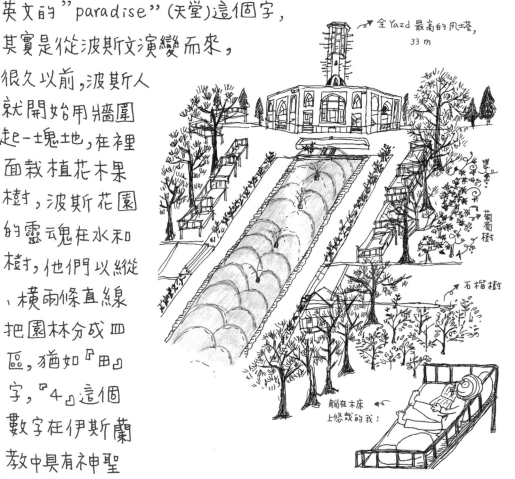

全 Yazd 最高的風塔，33 m

葡萄樹

石榴樹

躺在木床上悠哉的我！

的意義，他們在園林中央設有長方形水池，
水池中有噴泉，在乾旱灰黃的沙漠裡，擁
有噴泉、石榴樹的綠色花園，宛如人間天
堂，今天星期五，市集歇業，我們沒事做，所
以整個早上都躺在 Yazd 最大的『天堂』～ Dowlatabad
Garden (多拉塔別花園) 裡，享受剛摘下來的新鮮葡
萄，門票很貴 (30000 Rials)，但阿伯算我們『兩人同行，一人免費』。

基本設計

平面圖

Y.Q 205

在『天堂』躺了一整個早上之後，我們搭公車回旅館，我們在這裡搭公車都是『白搭』，因為每次售票亭的阿伯看到我們要搭公車，都會自動把他要賣的票拿給公車司機，然後叫我們不必買票了，好感動。

fish 的小本日記

巴基斯坦
→ 喇叭褲

另一個準備旅行一年的長捲毛日本人！

日本人上街買伊朗婦女用的 chador 黑布，做了一本手工日記本！

在印度買的手工花草紙本

我們懶人二人組在旅館的水池前面寫了一下午的日記，哪兒也沒去，旅館裡另外兩個很喜歡找我們聊天的日本人看到我們在寫日記，就跑來跟我交換日記看，他們從印度、巴基斯坦一路旅行過來，日記裡貼滿了車票、飲料包裝紙、鈔票、並隨手塗鴉，真有趣，我和日本人不斷地讚歎對方的日記，哈哈～真是噁心好笑的兩個人！

懶人二人組懶得出門，連晚餐都在旅館點東西吃！

(右圖上)→ 駱駝肉燉馬鈴薯，駱駝肉口感是一絲一絲地，就是那種乾乾柴柴的瘦肉口感，但可憐的 Fish 只吃了一口就反胃，因為她說會聯想到我在紙上隨手亂畫的一隻可愛小駱駝。

(右圖下)→ fesenjun，肉上淋了醬汁（醬汁中加了石榴汁、核桃、茄子等）

8月12日(六) 彩瓷與畫的驚豔

夜車：7.5 hr
每人車資 18000 Rials

Yazd
shiraz

昨晚搭上一輛兩光巴士，坐夜車前往 Shiraz (設拉子)，令人捉狂的兩光巴士，不但沒空調，我懷疑它也沒有避震器！而且車子竟然提早在凌晨四點抵達 shiraz，為了安全起見，我們一直龜在車站裡，直到天亮才去找旅館，朋友推薦的 Esteghlal Hotel 客滿了，快累斃的我們只好聽老闆的建議去住另一間旅館，好好洗個澡、補個眠。
睡醒之後，我好好讀了我的旅遊書，我才恍然大悟為什

双人房，附衛浴，一間 150000 Rials
(好貴，而且房間小且普通，要不是我們累挂了，沒力氣再找，我不会選這間！)，唉～只要不是公用衛浴就好！

麼我們每次都搭到沒有空調，活受罪的兩光巴士！

當地的巴士至少有兩種等級：
(上圖)：比較高級的 volvo 車，有冷氣，有點心
(下圖)：比較低級的 Mercedes-Benz 車，不要以為 Benz 就很了不起，這種 60 年代車種根本沒冷氣，還會劇烈搖晃。
兩種等級的巴士票價差不到台幣 100 元，我們省錢二人組實在省過頭了，以後我一定只坐 volvo 車，其餘免談！

Shiraz 這個城市，我們所為何來呢？Shiraz 是一個古代的文化之都，傳說蒙古大軍橫掃波斯時，這個城市的富商巨賈拿出財物向蒙古大軍投降。而保全了整城的性命與文化資產，這個城市原本就是人文薈萃之地，許多詩人、文學家，畫家，都在此成名。

我看了手上的資料，這個城市以『多詩』、『多花』、『多鏡』『多畫』聞名，的確，當我們行走在這個城市中，就感受到她那與其他城市不同的獨特氣質。

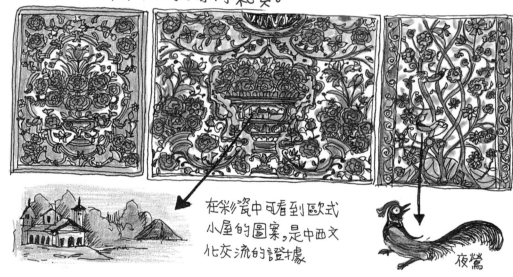

在彩瓷中可看到歐式小屋的圖案，是中西文化交流的證據

夜鶯

『多花』是指這裡的建築物用了很多彩瓷做裝飾，布滿七彩圖案，例如：玫瑰花，夜鶯、（這是波斯詩人很喜歡描寫的對象物！），看起來色彩繽紛，尤其是清真寺牆面的彩瓷，讓我們拍到手軟！

『多畫』則意味著從前 Shiraz（設拉子）畫派在細密畫（miniature）裡佔有重要地位；在暑假之前，我讀了『

我的名字是紅山這本小說，這本小說出自土耳其文學家奧罕・帕慕克之手，內容是有關一位細密畫家之死，情節緊密交織，宛若細密畫一般，書裡面有提到，那些被鄂圖曼土耳其帝國君王延攬的細密畫名家，是來自波斯境內 Tabriz、shiraz 等地。

這裡有一間 Pars Museum，十分小巧可愛，四周環繞著漂亮的花園、果園，只是每次經過時它總是鐵門深鎖，我和 Fish 常趴在它的門口鐵欄杆上，拼了命要把頭伸進去裡面瞧：

『什麼時候才會開呢？』，原來它早上開得晚，中午又有很長的休息時間，終於盼到它開了！這個小博物館曾遭小偷，被偷個精光（書上說的！），可是裡面還是收藏了好多精緻的細密畫和古物，我們一看再看，看了好多次也不厭倦。

『多鏡』是指『鏡宮』裝飾，此地有幾座紀念聖人的聖廟，他們用碎鏡裝飾牆面，給人萬花筒般的魔幻感覺，有一座聖廟─Mausoleum of Shah-e Cheragh 剛好在我們旅館附近，但守門人因我們不是伊斯蘭教徒而不准進入，這座聖廟是為紀念 Reza（雷沙）的弟弟 Ahmad（阿瑪德）而建，不過，我已經在別的城市看過鏡宮裝飾，不覺遺憾。

『多詩』乃指波斯重要詩人 Hafez（哈菲茲）、Sa'di（沙地）皆出身此地，亦長眠於此。

Nasir-al-Molk Mosque

1871-1883 AD

It was built by order of Haj Hassan Ali Khan-e-Nasir-al-Molk, one of Shiraz's rich and aristocrats who was also a humanitarian. The designers were Mohammad Hassan-e-Memar and Mohammad Reza Kashi Paz-e-Shirazi.
The seven-colored tile works and the pearl and five-bowled ceiling of this mosque are among the masterpieces of Islamic Iranian architecture and a glory for this land.

Office telefax : (+98 711) 7301404
Mosque Tel : (+98 711) 2241661

雖然沒有逛到鏡宮，但我們去了另外一間很有看頭的 Nasir-al-Molk 清真寺，裡面有七彩玻璃花窗及彩瓷廊柱，光看門票就覺得很美麗，門票每人 15000 Rials，很貴，一定要貼下來做紀念！

→ 磚塊
→ 磚塊，上覆藍色磁磚
→ 木頭，年輪痕跡清晰

在清真寺裡，發現柱子的結構有些特別，當地人會在柱子中間嵌入木頭，這是因為伊朗位在歐亞地震帶上，常常面臨強震威脅，為了避免強震造成建築主體結構損壞，嵌入木頭，可以增加彈性，具避震效果。懶人二人組非常懶惰，又繼續去市集挖寶閒晃。

anar (pomegranate)
石榴，是波斯花園中的重要果樹，在許多彩瓷或細密畫，也可瞧見石榴，我們買了石榴來吃，石榴子看起來就像晶瑩剔透的紅寶石，可是好酸，又很麻煩，我只好榨汁做成石榴紅茶。
黑色小物是用來去角質的➡

→ 聰明的我，會榨石榴汁

sang-e-pa
(5000 Rials)

→ 走路走太多的結果！必須用力去除死皮。

泡菜是伊朗家庭
餐桌上的食物,在
外頭的小店也會
看到用玻璃罐或

方形容器裝的泡菜,李子、黃瓜、花椰菜、茄子……,各種蔬
菜水果浸泡在醋裡,看起來全是假假的黃色,吃東西配
泡菜,可以去油解膩、胃口大開,今天上館子吃飯,老闆
贈送一碟泡菜,天啊~**宇宙超級無敵酸**

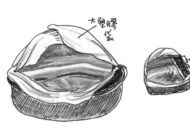

伊朗人非常懂得使用香料,
每次走過香料店,我們都
會忍不住被香氣吸進去,這
裡的咖哩粉五顏六色地,

他們把不同顏色的咖哩粉一層層疊起來,像千層糕似
地,有人要買時,就用鐵片沿側邊輕刮,每一種顏色都會
落下,真方便。
伊朗女生9歲以後就必須依伊斯蘭法律規定,穿著
hejab,hejab是指穿著型式,常見有下列幾種:

→ 包頭,
以一般絲巾,或 maqna'e(馬那,縫製而成的,
很像修女用的頭套),伊朗的小學女生都是
包白色的 maqna'e,我在市集買了一條黑色的,
(10000 Rials),但包起來覺得下巴好緊,不太舒服。

→ rouposh(羅普,蓋臀至膝的長風衣,寬
鬆),但有些時髦女生會挑戰傳統,穿緊身的。

→ 下身穿長褲

chador
(帳蓬式黑袍)

8月13日(日) 走馬看花,看波斯波利斯

咳～.我果然不是讀歷史、看石頭的料,事實上,我常常看古蹟看到睡著....😓汗....,來伊朗,Persepolis (波斯波利斯)的遺蹟是非看不可,因為這是許多伊朗人心中的驕傲,Achamenids (阿契梅尼德)王朝是伊朗史上的第一波斯帝國,由居魯士所創立,不過很有名的是大流士大帝(就是大流士一世,咦～?大流士,這應該是高中歷史課本上提到的吧!),他為了顯示自己的豐功偉業,在 Shiraz 東北方50幾公里遠的地方興建了這座偉大的城市,大流士一世的繼承者也都把皇宮建在這裡,所以,如果想感受波斯帝國的偉大榮光,這個遺跡雄偉的氣勢可以讓你折服,只可惜,當年亞歷山大征服波斯時,放火燒了這座富裕都城,如今,只能從斷垣殘壁中去揣想昔日輝煌。

Perspolis 一日遊攻略

本來我和Fish是打算自己坐迷你巴士去 Marvdasht,再換計程車去Persepolis,但朋友建議我參加旅行社的行程比較方便,於是我們包了 Pars Tourist Agency 的行程,

時間:早上7:00出發 (怕愈近中午愈熱,古蹟內無遮蔽物)

費用:每人 75000 Rials

內容:包括①參觀 Persepolis ②參觀帝王谷 Naqsh-e rostam & Naqsh-e Rajab

交通工具:小廂型車,有司機、導遊(英文解說)

我和Fish都蠻後悔包了這趟行程,包行程可以節省時

間，也省得動腦筋，但是導遊為了控制時間，一直趕、趕、趕，，弄得我精神緊張，雖然我之前已經讀過有關波斯文明的書，對Persepolis遺址也略知一二，但因為太趕了，想好好印證一下學過的東西都不行，Fish趕到連照片都沒拍。我們一致認為這是我們在伊朗旅行以來，印象最淺薄的地方，我只好買一本書回家慢慢看，因為我只記得一切都很偉大。

◀ Persepolis書

▲ Persepolis門票，門票圖片是遺址中的『百柱宮』

▲ 帝王谷門票，為蓋在懸崖上的帝王陵墓，以雕刻描寫神話、戰蹟。

比較印象深刻的是這邊的柱頭，上面的動物都是成雙相背，剛好可以卡住古代房屋的樑；特別是這種半獅半鷲的怪獸，在伊朗傳統中被認為是吉獸，這種怪鷹圖騰，也是伊朗航空的代表圖騰。

國王接見各國朝拜代表的宮殿為Apadana（亞帕丹納），在兩側階梯浮雕刻有當時從四面八方附屬國扛著禮品前來的各國代表，小人雕刻十分生動，從穿著可以判別他們來自何方，手上也都拿著不同貢品，

bull
lion

在No Ruz（諾魯茲，波斯新年）前來朝貢；另有獅子（象徵春天）咬著公牛（象徵冬天）的圖案，代表新年（春天）來臨。

213

8月14日 (一) 詩人與婚禮

Pars travel agency
(在這裡包行程)

Karim Khan-e (Zand Blvd)

Sadi St.

Towhid St.

Iran Hotel
(我們住的)

Shohada Square

這個地方有2號巴士，可以前往詩人 Hafez 及 Sadi 的兩處墓園

這個大圓環 shohada square 是地標，只要一直對當地人說 "shahrdri" 這個字，他們就知道你要來這裡，市集也在附近。

我們住的旅館就在市中心，非常方便，這附近的旅館是背包客的最愛，昨晚旅館阿公突然來敲我們的房門，原來是因為有個韓國女生來投宿，阿公以為我們是韓國人，所以帶她來找我們，天哪！竟然是兩星期前在 Masuleh 道別的 June，我們立刻換了一間3人房，和她聊聊這段時間的遭遇，June 看起來非常不開心，她說她接二連三遇到一些騷擾事件，簡直氣憤沮喪到快要崩潰，我和 Fish 覺得她情緒很糟 (連旅館的人也說她怪怪的！)，我們都勸她不如找個地方長住休息，或乾脆早點回韓國；其實騷擾事件，我和 Fish 也碰過幾回，通常是走在街上時，有人會故意碰你一下，面對這種情形，起先我都是隱忍著不發作，但後來我覺得不可姑息養奸，也想給對方一個教訓，所以只要有人故意碰我或 Fish，我一定是舉起背包或水瓶，一邊罵一邊揍，我現在窮凶惡極，應該很可怕。

214

今天去了詩人 Hafez（哈菲兹）的墓園，聆聽迴盪在墓園裡的詩歌，Hafez 這個名字的原意為『能背誦可蘭經的人』，他 1324 年生於 shiraz，他用抒情的詩篇歌頌花朵、愛情、美酒，藉由詩句中的戀人情愛隱喻對真主的愛，幾乎每個伊朗人都會背誦 Hafez 的詩，一般家庭中，除了可蘭經之外，一定可以找到 Hafez 的詩集，人們說他的詩中充滿人生智慧，在街頭提著鳥籠的算命老人讓鳥兒任意啣出寫著 Hafez 詩句的紙籤，為人們解答人生的疑惑。

Hafez 的墓，在大理石上方雕刻其生平，有位先生朗誦給我們聽，很多人圍在這個亭子裡朗誦詩篇。

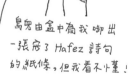

鳥兒由盒中為我啣出一張寫了 Hafez 詩句的紙條，但我看不懂！

دمی با غم بسر بردن جهان یکسر نمی‌ارزد
به می بفروش دلق ما کز این بهتر نمی‌ارزد
ای صاحب فال هر آن شخصی که بطالع سرطان باشد ستاره ادریس است فردی با عزت و با حرمت و باثروت می‌باشد و منهور و زیرک و سفر بسیار کند و از یک نفر ارزق چشمی حذر کند تا در بلا نیفتد و دو... فرزند در طالع دارد و روزی آنها زیاد و زراعت و تجارت حیوان سواری و سم شکافته برای او خوب و خانه دولت وی جور بود دعای بازو بند پنج تن با خود نگه دار تا از بلیات ایمن باشد انشاء...

Sadi (沙地)
的墓園門票，
他的長眠之地
是一個有藍色
穹頂的建築物，
這兒因有坎井，所
以在一片不毛之地
中造出如詩的
庭園。

參觀完 Hafez
的墓園，我們
又去了 Sadi 的墓
園，才結束今天
的『土賣墓之
旅』，連午飯
也沒吃，只吃

了一點乾果和冰淇淋，就回旅館睡午覺，因為 June 之
前在 Esfahan (伊斯法罕) 認識了一個叫做 Sara 的伊
朗女生，Sara 的家人及親戚住在 shiraz，剛巧今天有位親
戚要舉行婚禮，Sara 邀請 June 去參加，June 則說
要『挾帶』我們去，我和 Fish 都十分開心，因為從沒
參加過伊朗婚禮，很想瞧瞧，而且我們認為參加
婚禮就有大餐可吃，快被街頭漢堡店逼瘋的我們，
滿心期待婚禮大餐，除了沒吃中餐之外，連晚餐也免了！
Shiraz 是大城市，滿流行在郊外的花園餐廳舉行婚
禮，我們坐著 Sara 父親的車，在打結的交通中抵達婚
禮會場，會場一片色彩繽紛，伊朗女生不再披著黑色
chador，她們穿著最美麗的傳統禮服，頭飾與項
鍊也做了色系搭配，我終於明白市集裡那些刺繡
精美，鮮豔奪目的布是做什麼用了！(之前我一直覺得

很納悶，伊朗女生只穿黑chador，那些布到底要賣去哪裡？)，伊朗女生皮膚白，五官立體，堪稱人人皆為絕世美女，和她們一比，June、fish和我很像是來撿破爛的！

婚禮中某段時間是男女生互相觀賞對方跳舞，其他時間男女有分開的場地跳舞及用餐；女生跳的手帕舞很有趣，她們左右各持一條薄紗手帕，圍著圈圈，踩著舞步，嬌媚地揮舞著手帕；伊朗女生平常是含蓄不多話的，婚禮是她們『大解放』的時刻，整個會場吵到快炸開，聽說通常是跳通宵的舞，oh! No! 餓到暈眩的我苦等到12點才吃到東西，下次要先吃飽才參加！

頭上那條長帶子的邊邊飾有亮片！

金光閃閃的頸飾！

圍一層薄紗！

長絲巾在後腦勺以下打個結做裝飾

手中左右各拿一條薄紗手帕。

前後各有一塊顏色鮮艷，綴飾精美的布！

膨膨的裙子

舞！

暈眩

灑上乾燥小紅莓

火烤肉

將部份的米用蕃紅花香料染成金黃色，灑在最上面，增加香氣、色彩

米飯有混入油鹽一起煮，有一部分還加了豆子！

雞肉

婚喪喜慶必備HALVA，用油炒麵粉、糖，加玫瑰水

MIV 217

8月15日 (二) 又是移動日

Esfahan
Shiraz

Shiraz → Esfahan
車程8hr, 車資每人 20000Rials

這一次,真的要和June說再見了,她搭車向南,去Yazd,我和fish則往北,到Esfahan,我感覺她旅行得悶悶不樂,也許她太累了,一個人單獨旅行,必須承受襲捲而來的孤寂、移動頻繁產生的疲倦,到最後,只為了移動而移動,對周圍的事物不再好奇與關心,旅行的意義到底在哪裡?希望她早點度過低潮期,把動力找回來,不然,就早點回家吧!

經過8小時的折騰,我們終於抵達夢想已久的美麗城市～Esfahan(伊斯法罕),因為想看33孔橋的夜景,為了便於夜晚外出,我們選擇住離河邊較近的旅館,但,很不幸地,客滿了!老闆問我們可不可以先住祈禱室,我們說:『好啊!』

又又人房 without bathroom, 一間 135000 Rials

暗記!
行李箱

一住進去就把祈禱室弄得很亂,還拉繩晾衣服!

麥加方向!箭頭在此!有阿拉保佑应該会睡得很好!

抵達 Esfahan 的第一項大事是先去訂下星期回土耳其伊斯坦堡的票，因為我當初沒預料到自己真的能來伊朗，我搭的馬航只飛伊斯坦堡，所以我必須再回伊斯坦堡，Fish 搭的海灣航空，可以改成由德黑蘭飛回台灣，但她說她願意陪我坐48小時的巴士回伊斯坦堡，真感動！只是沒想到，訂票竟是個大麻煩！

以前，我通常是買當天、隔天、或當週的票，用一些簡單的單字就可以搞定！

today ⇨ emruz	Tuesday ⇨ Se shanbe	Friday ⇨ Jome
tomorrow ⇨ farda	Wednesday ⇨ Chahar shanbe	Saturday ⇨ shanbe
Monday ⇨ dos hanbe	Thursday ⇨ panj shanbe	Sunday ⇨ yek shanbe

可是，今天直接講日期，竟然是一陣混亂，我說今天是8月15日，我要搭8月20日的車，但老闆一直說今天是8月24日，5天後應該是8月29日，混亂了很久，直到老闆翻出月曆，我才猛然想起他說的應該是『波斯曆法』！

他們的月曆上記載著 3 種不同的曆法：日常生活使用<u>波斯太陽曆</u>、和宗教事務有關的是<u>伊斯蘭曆(陰曆)</u>，和外國人打交道時就用<u>西洋曆法(陽曆)</u>

所以，今天是？月？日呢

西方 Gregorian 陽曆　　15　August　2006　(2006年8月15日)

波斯太陽曆　　Mordad ۵ ۱۳۸۵
　　　　　　　　(月)　(24日)　(1385年)

★ 1385年的由來是從穆罕默德遷居麥地那的那年(A.D 622)起算
一年有 365 天

伊斯蘭曆　　Rajab ٢ ۱۴۲۷
　　　　　　(月)　(20日)　(1427年)

★ 穆罕默德遷居麥地那的那年(A.D 622)是伊斯蘭元年，但採陰曆，每年天數比波斯太陽曆少11或12天。故年代超過波斯曆40年以上。

8月16日（三）Esfahan市集閒晃

Saffron（番紅花）

每盒 2g, 15000 Rials

Esfahan的市集真是又大又迷人，不論是日常生活用品、或賣給觀光客的精緻小玩意兒，樣樣俱全，我們選擇這裡做旅途的最後一站是正確的。

一走進市集，空氣中總有一種飄著各式香料混合的香氣，這是熟悉的、屬於 Bazaar（市集）的味道，即使隔著幾條街便是摩登的現代化街景，但時光似乎停留在這個絲路串起的商肆群中……。

去香料店詢問番紅花的價格，記得媽媽熬中藥給爸爸喝，似乎有加番紅花，媽媽說番紅花在台灣買很貴，伊朗是番紅花產地，在 Fars、Kerman、Yazd 皆有生產，所以非常便宜，我們打包了15盒還覺得太少。

以番紅花做為香料、染料、醫療處方的方法，是由古波斯外傳，阿拉伯人把番紅花帶進西班牙、埃及、希臘……，有名的西班牙海鮮飯，就是用番紅花將米飯染成金黃，伊朗人也用番紅花將米飯染色、增加香氣，我們最常吃的美味冰淇淋也常是用番紅花染色，番紅花冰淇淋黃澄澄的，我們每天都要吃上好幾球！番紅花之所以昂貴，是因為全株可以使用的部份只有此雄蕊，每一朵花只有三根雄蕊，這些柱頭十分脆弱，非人工摘取不可，曬乾研磨之後，便成香料，平均約500根柱頭才能做成1公克的成品，令它身價不凡。

金贊出市集裡那些迷宮似的甬道，往Jameh Mosque（

星期五清真寺）的方向前進，從很遠的地方望過去，一座灰頭土臉的穹頂凸出於一個個泥磚火柴盒的上方，光秃秃地，看不見半片光耀眼的藍瓷，那毫無修飾的泥磚穹頂，一側還停了幾排鳥兒，遠看是一個個黑點，它看起來活像個得了皮膚病的光頭，呵！

怎可能是人們說的美麗清真寺？

入內，才是驚喜的開始，隨後轉為崇敬之情，這座清真寺揉合了不同時代的風格，泥磚素樸的色彩，毋須誇耀的浮貼，歲月的痕跡娓娓訴說亙古情懷，沉澱了無數的默禱，靜極的空氣裡，神，存在著。

過度炫耀の美麗終究會膩，素樸、謙虛地存在，歲月琢磨之後，隱隱約約，更顯其光亮，愈加令人欣賞。

我不敢用快門驚擾，只得用筆留住，

靜，午後小憩の人們。

In Jameh Mosque（星期五清真寺）

前天在 Hafez 墓園碰到三個會講英文的伊朗女生，她們問我對包頭巾的看法如何？我說很熱啊！她們說並不喜歡這東西，但也莫可奈何，我趁機問了 chador（黑帳棚）的價格，她們告訴我差不多 10~15 萬 Rials 吧！並且當場把 chador 脫下來讓我試穿，我才有機會好好檢視一件 chador 的縫製方式，原來，它不是只是一塊布而已。

這裡有一條鬆緊帶，讓婦女可以把 chador 固定在後腦，這樣，chador 才不會隨便由身上滑落。

下面做成圓弧形的，包圍在身上時，垂下來的長度才會剛好一樣長，不然，如果某端特別長，會絆倒，這樣的設計也比較美觀。

我決定去訂製一件 chador，回去當上課教材，在這裡買不到現成的 chador，必須依自己的身長訂做，而且『買布』和『縫製』是分開的，我先去布店剪布，黑布有很多不同種類，織法、紋路、材質都不同（以前我看到當地婦女交頭接耳討論著選布，都覺得納悶：不都是黑的嗎？在選什麼？），

我買了最便宜的布，（只要當教材，又不是要天天穿，便宜的就好）裁縫店的小姐說要為我們趕製，離開 Esfahan 之前可以順利取件。

8月17日 (四) 坐警車遊伊瑪目廣場

週四下午、週五是市集的休息日，所以我們今日的主打仍是『市集掃街採買購日』，不過卻在踏進市集時，意外碰到一個男子（其實是他來搭訕的，想介紹工藝品），在他的帶領下，鑽進一個小天井，展開獨特工藝之旅。

從事細密畫是十分耗眼力的！

畫筆是用貓身上初生的細毛所製造，非常軟，很適合用來描繪細小的東西，可以畫在陶器、金屬器、布，甚至駱駝骨上，駱駝骨上有許多細小的洞，顏料會被吃進這些洞裡，故非常適合作畫。

天然顏料（由植物或石礦石製成）　放大鏡　已完成的作品

我和細密畫家分享我日記上的素描，他竟提筆為我在日記本上畫了細密画。

2006

以前波斯的書刊都是手抄本，當東西文化交流，他們看到歐洲基督教手抄本畫得精緻美麗，於是也開始在手抄本上繪製精緻裝飾圖案，波斯、土耳其等地歷代君王甚至會在宮廷裡設工房，延攬名家製作精美的細密畫，波斯細密畫甚至遠傳印度。

在細密畫工作室看到的作品，有中國畫白描勾勒的影子，原來波斯在受蒙古統治時，畫風受到中國影響，連畫裡的人物、動物、房舍，都有中國風！細密畫的構圖沒有透視法的遠近之分，他們喜歡把所有的東西安排在同一平面，用色也沒有深淺之分，顏色飽滿鮮明，整體卻也很和諧。

223

蓋出花紋
的刻模工具

Ghalamkar
卡拉姆卡
(Calico, 印花棉布)英

這裡特產一種漂亮的印花棉布，上面的規則花紋全是用木刻模慢慢地一塊一塊蓋上去，以前的塗料全部取自天然，例如：石榴、核桃等，基本顏色有黑、紅、藍、黃等，在布上蓋好花紋之後，就拿去晒乾，並用火蒸煮1個半小時，然後就是清洗跟定色，聽說古時候是拿去33孔橋旁邊那條Zayandeh河清洗、定色，想像著一群美女在浣溪紗，好浪漫喔！

Khatam
(Inlaid work)英
鑲嵌工藝

khatam是一種木器平面鑲嵌工藝，在木頭上先刻上幾何圖形輪廓，然後把切成幾何圖形的鑲嵌物黏上去，有時還會加上木條或金線的滾邊；鑲嵌物的材質有木頭(ex:黑檀木、核桃木)、動物骨骼(ex:駱駝骨、象牙、貝殼..)、金屬(ex:黃銅、金)，不過現在有些用塑膠片代替，質感差很多。

漆器藝術品

Minakari
(Enamel working)英

Minakari是把金屬(通常是銅)表面上漆，高溫燒烤後，再由技藝精湛的工匠畫上美麗圖案。

Ghalamzani (Engraving)英
金屬雕刻工藝，就是在金屬上周佳刻小囉！

Gaz

Esfahan 出產一種糖，QQ的，很有嚼勁，叫做"Gaz"，在 Qajar (卡札爾) 王朝末期，有個做 halva (甜點,哈瓦糕) 的人把從一種叫做 Gaz 的植物萃取出來的東西加上糖、蛋白、開心果或杏仁，做成糖果，在 1920 年後，開始大量生產，Gaz 植物是生長在伊朗高原西部的 Zagros (札格洛斯) 山腳下，我到伊斯法罕才吃到這樣的糖，其中也有加了玫瑰水，又香又甜，真好吃，雜貨女王 Fish 又敗了幾盒當伴手禮。

大採購暫時告一段落，中場休息，Fish 提議去吃 goshfi，

goshfi 是甜點女王 Fish 在伊朗的迷戀物，黃色片狀，很像是用麵粉做成片狀油炸後，再裹上糖漿，有時會淋上玫瑰水，吃的時候會配上一杯 dogh (優格飲料,上面灑了香料)，

在波斯人的飲食觀念中，講求冷熱平衡

| cold food | ■ 例如：優格、cheese、米食、海鮮、新鮮蔬果等 |
| hot food | ■ 例如：禽畜的肉、甜點、乾果、麥類食品等 |

所以用餐時，會發現烤肉或甜點會搭配優格飲料一起食用，以取得平衡，這種飲食的冷熱平衡觀念溯源自 Achaemenid (阿契梅尼德王朝，嗯～和我們中國人把食物分寒熱屬性的觀念一樣地！

我們進了一間 goshfi 專賣店，大吃特吃，完全沒料到這竟是一場惡夢的開始……。

我們高興地吃著甜點，並拍照做紀錄，老闆看我們在拍照，很大方地說店裡任何東西都

可以拍，但當我在拍照時，感覺有人在我背上輕拍了一下，我以為是他不小心碰到，也就不引以為意，後來店裡另外兩個客人走了，我們也吃得差不多了，老闆卻邀請我們進入後面的廚房，他說那裡有更多東西可以拍，我覺得很怪，感覺此地不宜久留，我示意 Fish 趕快走，我拒絕老闆的邀請進去後面的廚房，並且趕快從錢包裡掏錢，準備付帳，沒想到隨之而來的，是一段驚恐的過程……。

很幸運地，我們逃離了魔爪，如果我們的警覺心不夠，可能會有更恐怖的事情發生，驚惶失措的我們站在馬路上，腦筋一片空白，回過神之後，我決定報警，因為他的行徑實在太大膽可惡了，如果不把他抓起來，萬一他又故計重施怎麼辦？一位好心的店家幫我們報警，警察很快就來了，但沒有人會講英文，而且壞人早已逃之夭夭，圍觀的人愈來愈多，我想，不管那人是否被逮捕判刑，這些社會輿論的壓力也會夠他受的，畢竟這是伊斯蘭社會，他的行為是很嚴重的！警察把我們轉送到專為外國人設置的 Tourist Police Station（沒想到剛好在我們住的旅館對面），英文流利的外事警察迅速做完筆錄，並透過電話請女警十協助詢問案情，外事警察向我們保證一定會努力將壞人繩之以法，並要我們上警車，重回現場，希望可以由鄰店那兒得到線索，隔壁的阿伯不斷地表達

遺憾與歉意，並要警察為我們主持正義……，辦案告一段落，
警察送我們回旅館，筋疲力竭的我們面色如土、毫無笑顏，
經過被列為世界遺產保護的 Imam Square（伊瑪目廣場），
警察問我：『你來過這個世界最美麗的廣場嗎？』，我黯
淡地回答：『本來是計畫下午要來的，怎知
會碰到壞人……』，伊瑪目廣場有一
半的區域是禁止車輛進入，只有觀
光馬車可以行走，但是警察
請警衛移開柵欄，
用極慢的速度
讓車子滑過廣
場，我們就這樣
『坐警車遊伊瑪
目廣場』。

in Sheikh Lotfollah Mosque

腳踏地面，回聲相當好！

呼

在穹頂的中央畫了美麗孔
雀，必須瞇起眼睛或用長
鏡頭才可看見，但看起來是沒
有尾巴的孔雀，它的尾巴在
哪裡呢？原來當陽光透
過穹頂阿拉伯式的花草圖案花窗投射進來時，會形成
光束，光束剛好落在孔雀上，這金色耀眼的光束就是
孔雀的尾巴！

⬆ Imam Mosque 的大
圓頂，像在與天空
競賽……看誰藍得最美！

⬆ Sheikh Lotfollah Mosque 的屋頂
會隨時間變色。

IMAM SQUARE 平面图

從平面圖可以發現 Sheikh Lotfollah Mosque 和 Imam Mosque 的方位軸線都是斜的（呈東北西南斜向），這是因為 Imam Square （伊瑪目廣場）的車軸線為麥加方位不一致，而清真寺建築須配合麥加方位。

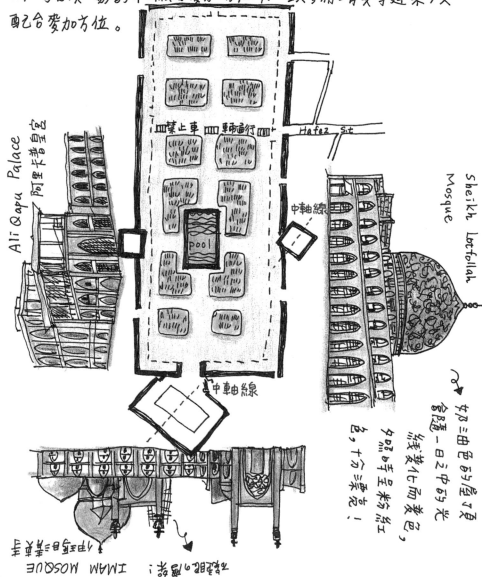

Ali Qapu Palace
阿里卡普皇宮

禁止車　車輛通行

Hafez St.

中軸線

POOL

中軸線

Sheikh Lotfollah Mosque

夕陽時呈粉紅色，十分漂亮！

夕陽的晕光，把磚藍化而呈紅色，

女孩是由巴的空了又來的光

ІМАМ МОЅQUE 伊瑪目清真寺

228

8月18日(五) 搏命演出的搖晃塔

每逢星期五，我們的心情就跟著當地人一起放假，
商店都沒開，凱子二人組只好去河邊散散步，(因為旅
途快結束了，Esfahan是我們的最後一站，所以省錢
二人組立刻變身為凱子二人組，花錢的速度愈來愈快!)
沒想到，在往河邊的途中，竟然發現一間CD店，而且居
然有開門營業，我和Fish簡直如獲至寶……。
在伊朗，我們常看到當地人使用錄音帶，可是如果買錄音帶
回台灣，我家沒有錄音機可以聽錄音帶吧! CD店好難
找，就算找到了，音樂的選擇也很少，因為我們比較
想買的是傳統音樂……，不過我們很幸運，因為這間CD
店的店員很有耐心地等我們挑，只是因為伊朗人好像
比較常聽MP3，MP3價格比較便宜，而且一張MP3中同
時燒錄好幾張專輯，相對地，CD的存貨量很少，有
些專輯甚至只有一張，買完就沒了，而且CD擺在玻璃櫥
窗內，感覺很珍貴的樣子! 店員一直力勸我們買MP3，
不過，我和Fish挑了一些CD，Fish很豪氣地說:『統
統包起來!』，其中有Mohammad Roza Shajarian的人聲
演唱，此人號稱伊朗人聲演唱第一把交椅，連旁邊的
路人甲也誇讚我們很內行。(嘿! 因為Fish有做功課!)

CD
35000Rials
M.R. Shajarian

4合1
MP3
40000
Rials
M.R Shajarian

另一優美人聲演唱:
Shahram Nazeri
CD.

229

我們決定搭公
車去看搏命演
出的搖晃塔
Manar Jomban
(shaking minarets
，直接叫名字的
話是：瓊班塔)，
其實這裡是一個
伊斯蘭教神祕

為了不讓觀光客
失望，定期地，會
有人上到鐘塔裡，
不斷地搖晃，塔
身的金屬鐘會發出
清脆的聲音，塔
身不斷地晃…晃…
晃……，搏命演出！

僧侶 Abu Abdollah 的陵墓，要搭
車前往非常容易，只要一直說："
Jomban"、"Jomban"，伊朗人就會
知道你要去哪裡？那個景點也非常小，
幾分鐘就可以逛完，只有那個
塔具有可看性，如果有人在
塔內用力推牆，塔下的
人會看到塔在搖晃，如
果只搖其中一個塔，另一個
也會跟著一起搖，不過，他們
大概是怕塔會被遊客搖垮，
所以現在禁止遊客上塔，改
由工作人員定時上去搖給大家看，搖完還向『台下』揮手！

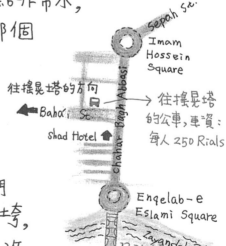

往搖晃塔的方向
◀ Bahái St.
shad Hotel ▲

sepah st.
Imam
Hossein
Square

→ 往搖晃塔
的公車，車資：
每人 250 Rials

chahar Bagh Abbasi

Enqelab-e
Eslami Square
Zayandeh River
33孔橋

搖晃塔為什麼會搖晃呢？至今沒有定論，有人說是設計的缺失，有人說是建材隨時間發生變化，總而言之，這是個謎！不過，今天我們非常能夠感受自己的身分是個觀光客，這兒可是名聞遐邇的超級名勝古蹟，遊覽車不斷地把一車又一車的觀光客倒進這個小地方，擠得水洩不通，每個觀光客都拉長脖子往上看，搖完就拍手.....orz.....；在等待工作人員上塔的時間裡，我拿出日記本速寫打發時間，觀光客就開始聚集過來看我畫畫，把我團團圍住，形成好幾道人牆，直到我完全看不見塔，

而沒有辦法畫下去為止，沒有想到自己竟然也在這個觀光景點中變成受眾人矚目的景點，真是不好意思！以後日記本上應該貼國旗宣傳一下才對。

晚上回到旅館，警察派人告訴我們說已經抓到嫌犯，開車送我們去看守所指認，確認無誤之後，警察要我們安心，說他們會給壞人應有的懲罰，因為這間警察局就在我們旅館對面，我們常和他們打照面，他們也叮嚀我們一些該注意的事情，並且請旅館的人多注意維護我們的安全，他們不斷地表示歉意，並請來一位讀中文系的友人來和我們聊聊伊朗的事情，博學的警察還分析文學給我們聽。

8月19日(六) 趕景點

因為明天一大早要搭國際巴士回伊斯坦堡，閒晃好幾天的我們，決定今天要好好『收集』一下 Esfahan 的必備景點。

我們先到了 Jolfa (舊發)區，這一區，在過去是屬於亞美尼亞人的特區，這個地名起源於現今伊朗西北方的 "Jolfa"，Abbas (阿拔斯)大帝將亞美尼亞人遷移至此，在此建立了 New Jolfa，讓他們在這裡保有基督教信仰及生活模式，阿拔斯大帝重用亞美尼亞人的商業及藝術行長才，這個區域在過去是屬於比較富有的區域，教堂

➝ "Jolfa"区内的 "Vank Cathedral"
教堂対面，是陳列亞美尼亞文物的专物館.

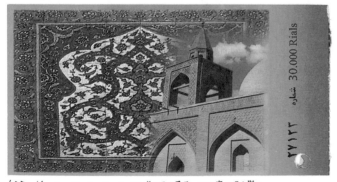

30.000 Rials

↪ Vank Cathedral 的美麗門票 (旺克大教堂)

的尖塔與十字架凸出於天際線，在伊斯蘭文化區域裡獨樹一幟；走進這一區就可以感覺到那一點點不同，商店裡販售的食物（我有看到幾家賣酒的），Pizza店女生的輪廓很明顯知伊朗女生不同，最明顯的是她並沒有戴頭巾，在Vank大教堂前面有一處商店區，販賣亞美尼亞手工針織品……；我來Vank大教堂，最主要是想看壁畫，聽說這兒有非常美麗的壁畫……，門票的費用是我在伊朗境內付過最貴的，可是我覺得非常非常值得，因為無論是教堂內部或博物館，都規劃得很好，文物也受到良好的照顧，只可惜不能拍照（不過這也可以反映出博物館維護文物的決心！怕攝影正流失會損害脆弱的壁畫與文物），教堂裡的壁畫非常精彩，不過有的因修葺維護而顯得過度新穎，反而是外側牆面有些等待修復的壁畫仍是褪色的原貌，充滿歲月的痕跡；這座教堂，因為是座落在伊斯蘭文化區域中，所以混合了基督教與伊斯蘭風格，因為遷移到這裡的亞美尼亞人，也開始學起燒製、彩繪磁磚的藝術，他們在教堂牆面上用了許多藍色調的磁磚，不過上面加了十字架的符號；小巧精緻的博物館內，可以欣賞亞美尼亞人的手工針織品、雕版印刷品，以及他們從波斯人那裡學來的彩繪磁磚、細密畫，這些都是文化融合的見證啊！有一位老師帶著一群亞美尼亞小孩來這裡做校外教學，教他們認識先人的過往，並把珍貴的文化向下一代紮根。

在展示櫃前
震懾的兩人，久久無法言語.
(紅燈表示該城市有亞美尼亞人被殺)

然而，博物館內卻有一處充滿
歷史吶喊與哀痛的牆面，任何
人站在這裡，都無法按捺那
種說不出的沉重吧！那一面牆
的玻璃櫃中，是一幅很大的
土耳其地圖，地圖上有一個個怵
目驚心的紅燈，不斷地發光、熄滅、發光、熄滅……，告
訴你這個城市有多少亞美尼亞人慘遭殺害，電視螢光幕
不斷重播著當時的黑白紀錄影像，畫面是黑白的，我
卻隱然看見那背後染了鮮血的紅，照片裡的無辜人們
空洞絕望的眼神……，這裡展示的，是土耳其人在1915年
屠殺亞美尼亞人的證據，記得在土耳其 Van 城時，聽說
那裡有展出一些關於這段歷史的東西，我很好奇土耳其人
是如何處理這段歷史？但當時 Van 城博物館正在整修，
所以沒看到，沒想到竟然在這裡觸及這一段歷史……，這
是亞美尼亞歷史裡的一頁傷痛，亞美尼亞是一個古老而曾
經強盛的國家，後來被併入鄂圖曼土耳其帝國，一次大
戰期間，亞美尼亞人錯估了俄國人的野心，他們選擇加
入俄國陣線，希望與俄國並肩，對抗土耳其，進而爭取獨
立建國的機會，土耳其憤而將之驅離，而俄國卻未伸出
援手，大批的亞美尼亞人被迫出走，只敢把寶石或值錢的物
品縫在衣物裡，卻仍逃不過覬覦的眼光而慘遭殺害、
或因流離失所而死於疾病、飢餓……，這一段歷史至今
仍被爭議著，我對這段歷史了解並不深入，沒有立

234

場去批判孰是孰非？記得我的土耳其朋友說：『是誰殺了誰呢？我只能說，這是一段過去的歷史 』，想到這個世界（包括台灣），不斷地有人以族群之名挑起對立的情緒，我只能感嘆：歷史是用來反省的，不是用來控訴、報復的……。

馬不停蹄地『景點大收集』……，真不曉得前幾天到底在混什麼？又去了………好幾個必備景點：

CHEHEL SOTUN PALACE 只有二十根柱子的 ”四十柱宮”，這是因為宮殿前有個水池，當二十根柱子倒映在池水中，20×2=40，嘿～就是40根柱子了！宮殿裡從地板到天花板全是迷人的壁畫。

在 Ali Qapu palace 阿里卡普皇宮最頂，有一個非常值得一看的音樂廳，天花板滿滿都是用石膏雕成的樂器形狀、人形，鏤空的美麗雕刻一層一層地，就像在進行一場音樂會，據說這樣的設計可以提升音響效果，視覺與聽覺的享受都兼顧到了。

再走最後一次，再看最後一眼，美麗的 Si-O-Seh Bridge（33孔橋，Si-O-Seh為33之意）

235

8月20日 (日) 出庭有感

結果，我們今天並沒有搭上往伊斯坦堡的巴士……。

昨晚我們趕完景黑b，回到旅館時，已經滿晚了，警察到旅館找我們，他說被抓到的那個壞人並不肯認罪，所以他們無法將其定罪，必須由我們出庭作證，警察送我們到法院，無奈法官早已下班，警察說隔天再來接我們去法院，但我表示我們已經買好車票，要啟程前往伊斯坦堡，沒有辦法出庭，警察說如果我不出庭，那麼那個壞人就會被放掉，他們好不容易抓到他，而且就這樣讓他逍遙法外，萬一又有其他人碰到更糟的事，怎麼辦……，警察說他願意幫我去換巴士票，請我務必出庭作證，我陷入了天人交戰，如果我出庭，那個人就會被判刑，這樣，我會不會害了他？不，不是我害了他，我沒有錯，是他自己害了他自己……，壞人的兒子還一路跟著警車，跟著我們回警察局，提了一手提箱的鈔票，要與我交換條件，警察義正嚴詞地表示我們絕不接受賄賂……，考慮很久之後，我決定出庭……。

今天，在法庭上，他們請人幫我們翻譯，連當天拍的照片也成為呈庭證物，做為在場證明，但壞人一直用波斯語為自己脫罪，伊朗的法官是由神職人員擔任，法官怒斥他：『伊朗的臉被你丟光了！』，他隨即定了壞人的罪，並向我們致歉，希望這件事不要破壞我們對

236 ۲۳۶

伊朗的印象,並祝福我們繼續快樂地完成旅程,
然後平安回台灣......。

老實說,這件事真的不會破壞伊朗在我心中的美好印象,
這個文明古國的深邃文化,就像浩瀚夜空裡的點
點繁星那樣地美麗,內斂地,不誇耀地散發著光芒,
星光微微,但你一定可以看見;況且,這一路走來,我們
遇見的好人絕對比壞人多,伊朗人的好客與熱情,掏空了身
上所有的東西,他們堅持一定要拿出一點什麼來和你分享,如
果你問我,在旅途中看見了什麼?最讓我感動的,不是華
美的建築、不是雕琢的工藝,而是這些直直進入你心底的
溫情!哪個國家沒有壞人?就算在台灣,還不是有可能
碰到壞人?旅行,是由一個個事件去串起來的,而我,
最終想記得的,是那些美好的片段,那些不愉快的,
就把它留在時間的凹痕裡,忘記吧!我還是會繼續
旅行,並不會因此變得怯懦膽小,應該要更有勇氣才
對,而且,要更加謹慎、小心。

嗯～這樣說來,每一件事都有它存在的意義,壞事的存在,
讓我們看見並珍惜其他美好的事物,呵～

回到台灣之後,有機會,我一定要好好替伊朗說幾句公
道話,否則大家一聽到伊朗,只會想到那些西方媒體
欲加之罪的形容詞,這麼美麗、善良的國家只是想走一
條他們自己的路,不同於西方的路罷了,如果,你仍然
用那些帶偏見的形容詞來形容它,可不可以請你多去了解它。

8月21日（一）回家

Istanbul
土耳其
車程：48hr
車資：每人33500 Rials
（≒NT·1173）
● Esfahan
伊朗

過了邊界的那一秒鐘,立刻拿下頭巾

22 8月 星期二
23 8月
Istanbul
24 8月
Istanbul
25 8月 星期五
Istanbul
26 8月 星期六
27 8月 星期日
Taiwan

搭上了回伊斯坦的國際巴士,踏上回家的漫漫長路,(我堅持一定要搭最高級的volvo車,開玩笑,要坐48小時吧!),原本以為48小時會是難挨的旅程,但沒想到自己坐上一台滿載伊朗人的快樂巴士,猛看電影(即使聽不懂、看不懂字幕,我仍看得津津有味),無聊時,可愛的大家會在車上唱歌、跳舞,表演餘興節目,這48小時,竟是這趟旅程中最輕鬆的時光,不必煩惱等一下要去哪裡,因為快樂巴士的所有乘客要一起去遙遠的遠方,也因為這48小時的『定格』,讓我不停轉動的思緒得以沉澱,望著車窗外的風景,這兩個月來一幕幕的『故事』,在我的腦海中重現,我翻著手上的日記,這些片段如此清晰,兩個月的時間,說長不長,但我知道,那個自己,有一點點不同了,感謝,那些旅途中的美好與不美好,只因有你們----,生命得以豐盈。

Life&Leisure‧優遊

土東‧伊朗手繪旅行

2007年5月初版　　　　　　　　　　　　　定價：新臺幣420元
2013年1月初版第七刷
2018年4月二版
有著作權‧翻印必究
Printed in Taiwan.

圖　　文　　張　佩　瑜
叢書主編　　林　芳　瑜
　　　　　　賴　郁　婷
校　　對　　張　佩　瑜
封面完稿　　文　　　聯

出　版　者　聯經出版事業股份有限公司
地　　　址　新北市汐止區大同路一段369號1樓
編輯部地址　新北市汐止區大同路一段369號1樓
叢書主編電話　(02)86925588轉5318
台北聯經書房　台北市新生南路三段94號
　　電　話　(02)23620308
台中分公司　台中市北區崇德路一段198號
暨門市電話　(04)22312023
郵政劃撥帳戶第0100559-3號
郵撥電話　(02)23620308
印　刷　者　文聯彩色製版印刷有限公司
總　經　銷　聯合發行股份有限公司
發　行　所　新北市新店區寶橋路235巷6弄6號2F
　　電　話　(02)29178022

總編輯　　胡　金　倫
總經理　　陳　芝　宇
社　長　　羅　國　俊
發行人　　林　載　爵

行政院新聞局出版事業登記證局版臺業字第0130號

本書如有缺頁，破損，倒裝請寄回台北聯經書房更換。　ISBN　978-957-08-5103-8(平裝)
聯經網址 http://www.linkingbooks.com.tw
電子信箱 e-mail:linking@udngroup.com

國家圖書館出版品預行編目資料

土東‧伊朗手繪旅行/ 張佩瑜圖文．

二版．新北市：聯經，2018.04
256 面；16.5×21.5 公分．
（Life＆Leisure‧優遊）
ISBN 978-957-08-5103-8（平裝）
[2018年4月二版]

1.遊記 2.土耳其 3.伊朗

735.19   107004240